日本語教育政策ウォッチ2008

定住化する外国人施策をめぐって

田尻英三[編]

ひつじ書房

日本語教育政策ウォッチ 2008

定住化する外国人施策をめぐって

▶ 目次

はじめに　田尻英三 1

以下、執筆者名の記されていない箇所はすべて田尻英三の執筆です。

これまでの日本語教育政策
1945 (昭和20) 年以降の動向に焦点を当てながら　野山広 5

総務省関係の取り組み 26

文部科学省の取り組み 32

文化庁の施策の取り組み 49

文教施策の中の日本語教育と
国立国語研究所の移管措置 60

生活者に対する日本語教育と国際交流基金
現状と展望　嘉数勝美 70

日本の経済社会に活力をもたらす外国人の力
外国人受け入れ問題に関する日本経団連の考え方　井上洋 87

国会・国会議員関連での
日本語教育に関する施策 108

省庁を横断する日本語教育に関わる
外国人施策 115

同化・多文化共生・社会統合とは何か 136

終章　今後の課題 141

はじめに

　本書の出発点となったものは，2007年10月6日に龍谷大学で開かれた日本語教育学会秋季大会の特別シンポジウム「『生活者としての外国人』と日本語教育」である。本書の総務省の施策の部分は，当時の総務省自治行政局国際室長の稲岡伸哉氏に，文部科学省の施策の部分は文部科学省初等中等教育局国際教育課長の大森摂生氏に，文化庁の施策の部分は文化庁文化部国語課の中野敦氏に記述の点で問題がないかチェックしていただいたが，本書の記述については田尻の責任である。「コメント」は田尻の考えを書き加えた。当日のシンポジウムにご参加いただいた社団法人日本経済団体連合会産業第一本部長の井上洋氏には新たに書き起こした原稿をいただいた。独立行政法人国際交流基金の日本語事業部部長の嘉数勝美氏には，基金の情報を書いていただいた。また，これまでの日本語教育施策の流れを独立行政法人国立国語研究所日本語教育基盤情報センターの野山広氏に書いていただいた。その他の部分は，すべて田尻が書いている（目次に執筆分担は明示している）。

　本書の執筆意図を説明する。本書は，2008年現在日本国内で進められている日本語教育に関する施策をウェブサイト上で収集し，それに田尻の視点からコメントを付けたものである。本書の中でたびたび言及されているが，2006年6月22日の経済財政諮問会議で「『生活者としての外国人』への対応（中間報告）」が提出され，同年12月25日の外国人労働者問題関係省庁連絡会議が「『生活者としての外国人』に関する総合的対応策」(http://www.cas.go.jp/jp/seisaku/gaikokujin/honbun2.pdf) を作成し，翌26日の経済財政諮問会議で了承されたことにより，2007年度の予算で省庁を越えた日本語教育に関する施策が実行されるようになった。田尻は，この動きをふまえて，2007年を「日本語教育政策元年」と呼ぶことにした。ただ，この全体の動きが外国人労働者問題関係省庁連絡会議 (http://www.cas.go.jp/jp/seisaku/gaikokujin/index.html) のウェブサイトを開いても，2007年9月7日に「『生

活者としての外国人』に関する総合的対応策関係予算(平成 20 年度概算要求)」と「『生活者としての外国人』に関する総合的対応策の実施状況について」が，2008 年 2 月 15 日に「『生活者としての外国人』に関する総合的対応策関係予算(平成 20 年度予算案)」と「『生活者としての外国人』に関する総合的対応策の実施状況について」が，2008 年 9 月 11 日に「『生活者としての外国人』に関する総合的対応策の実施状況について」と「『生活者としての外国人』に関する総合的対応策関係予算(平成 21 年度概算要求)」が挙げられているだけで，日本語教育施策全般については挙げられていない。しかし，実際には大変な勢いで各省庁や法人で日本語教育に関する施策が進められている。しかも，これらの施策のうちで日本語教育関係者がほとんど関わっていないところで進められている日本語教育施策もある。このような動きに対して，肝心の日本語教育関係者があまり関心を示していないように田尻は感じている。そこで，田尻はウェブサイト上に公開されている情報を集め，それに田尻なりのコメントを付けた本書を刊行することにした。そのことにより，日本語教育関係者の注意を喚起するとともに，日本語教育以外の分野でこの方面に関心を持っている人々にも日本語教育を専門としている者からの視点を提供することにした。田尻は中央省庁でのいくつかの委員会に所属しているわけではないので，間違った思い込みもあるかもしれないし，田尻が知らなくて公開されていない情報もあるであろう。そのような点があれば，ご指摘いただきたい。田尻が行った作業は，Google などの検索エンジンを使っての情報収集だけである。本書をきっかけにして，公開の場でいろいろな討論が展開されることを期待している。

　2008 年は，日本に住む外国人にとって大きな動きがあった年である。社会的に大きな話題となったこととしては，第 139 回平成 20 年度上半期芥川賞に中国籍の楊逸(ヤン・イー)氏が書いた『時が滲む朝』(『文学界』6 月号)が選ばれたことがある。ただ，田尻は楊氏が書いたものとして日本語力が問題となった『ワンちゃん』(文藝春秋，2008)ではなく，天安門事件の経験を題材にした『時が滲む朝』が選ばれたことに対して釈然としないものが残った。8 月 11 日の甲子園での高校野球第 1 試合に日系ブラジル人学生の対決が見られた(朝日新聞，8 月 11 日)。日系ブラジル人の子どもが日本で

住んでいる時間の長さを見ている人に感じさせる試合であった。なお，高校野球としては，2001年夏と2003年春の2度甲子園に出場したベトナム難民2世の投手がいた（朝日新聞，8月26日「ベトナム難民は今」3）。2007年11月28日に参議院本会議で「中国残留邦人等の円滑な帰国の促進及び永住帰国後の自立の支援に関する法律の一部を改正する法律案」が可決され（これまでの経過については，井出孫六氏の『中国残留邦人』岩波新書2008が詳しい），2008年から実際の対応の動きが見られるようになった。中国残留邦人の9割近くが裁判に訴えていた問題の1つに，日本語習得の不十分さがあったことを忘れてはならない。この問題は，これに関わった機関の問題ではなく，短い時間で日本語が習得できるとした制度自身に問題があった。現在でも，中国残留邦人は緊急の病気の際にも，決められた病院しか行けないという不便さが残ったままである。厚生労働省2009年度予算では，「中国残留邦人等への支援」として112億円が計上されている。

2008年6月6日には衆参両院の全員一致で「アイヌ民族を先住民族とすることを求める決議」が可決され，8月11日には第1回の「アイヌ政策のあり方に関する有識者懇談会」(http://www.kantei.go.jp/jp/singi/ainu/dai1/1gijisidai.html) が開かれたが，この決議自体が7月の洞爺湖サミットを意識したものであり，今後アイヌ民族にどのような権利保障が実際に行われていくかを注目する。12月25日までに3回の懇談会が開かれている。

8月に来日した208名のインドネシアからの看護師・介護福祉士候補者については，あとで詳しくふれる。8月25日には，2010年度からタイで暮らすミャンマー難民を30名前後受け入れることが決まった（毎日新聞，8月25日）。従来，この種の難民受け入れには消極的であった日本が，国際貢献の声の高まりに応じたものである。ただ，あまりにも規模が小さい。これに先立ち，6月4日には，日本人の父とフィリピン人の母の間に生まれ，日本で育ち，日本語を話せる子どもたちに日本国籍を与えるという婚外子国籍訴訟が最高裁判所で結審し，2審の東京高等裁判所判決を取り消し原告の子どもたちに日本国籍が与えられるという判決が下された（産経新聞，6月4日）。これらの動きは，本書で扱う日本語教育施策と直接関わるものではないが，日本国内での外国人住民に対する動きとして注目するに値すると考える。

最後に，本書で用いているいくつかの用語の説明をする。2004年初版，2007年増補版を出した『外国人の定住と日本語教育』(田尻英三，田中宏，吉野正，山西優二，山田泉共著，ひつじ書房)でもふれたが，本書の「外国人」とは，外国籍の人も，日本国籍を持っていても日本語が母語ではない人も含んでいる。従来は「外国にルーツを持つ人」と呼ばれている人たちを指しているが，できるだけ記述量を抑えようと考えて，「外国人」という用語を使っている。「日本語教育」という用語にも，研究や学校現場の教育以外に，地域のボランティアによる外国人への日本語習得支援の意味も含んでいる。田尻は，地域のボランティアの場に教師と学生という立場を持ち込まないようにしている。外国人の学習者に日本人のボランティアを「先生」とは呼ばせないようにしている。また，法律用語としては，厳密に区別されていないが，本書では大きな方向性を持った取り組みを「政策」，具体的な取り組みを「施策」と呼ぶことにした。

　表記については，引用した文献の元の表記にしたがって，たとえば「受け入れ」・「受入れ」・「受入」などのように統一していない(田尻が書いている部分では，「受け入れ」で統一している)箇所がある。同様に元の文献が元号で表記している場合はそのままにしたが，田尻が書いている部分は，西暦で統一した。また本文に引用しているURLは一定期間が過ぎると別のURLへ移動することがある。その場合は，Googleなどで検索していただきたい。

　2008年9月15日のアメリカのリーマン・ブラザース破綻以来，世界いっせいに経済不況が起こっている。日本でも実体経済に影響が現れ始め，浜松市では日系ブラジル人の解雇が始まったという(『週刊新潮』11月6日号)。日本での多文化共生という目標を掲げて進んできた外国人の社会統合は，今まさに正念場を迎えている。

　また，2009年度の予算は，2008年12月に発表された資料に基づいている。

これまでの日本語教育政策
―1945（昭和 20）年以降の動向に焦点を当てながら[1]―

野山 広

1 はじめに

　近年，地球規模の人の流動化によって，日本に在留する外国人は増加の一途をたどっており（2007 年末現在，外国人登録者数は約 215 万人で，我が国総人口の 1.69％：法務省・外国人登録者統計），様々な背景を持つ外国人に対する日本語教育支援方策の充実を図ることの重要性は増してきている。国内では，2007 年 11 月の時点で，**日本語学習者数は 163,670 人。教員数＝31,234 人のうち 55％を超える 17,411 人がボランティアとなっており**（『平成 19 年度 国内の日本語教育の概要』(文化庁調べ)，こうした人々が，**地域での日本語教育支援の現場を支えていると考えられる**。一方，海外における日本語学習者の数も増え続け，国際交流基金の調べによれば 2006 年現在，約 298 万人に達している。

　こうした状況下，徐々に多言語・多文化化する地域社会で生活する外国人住民の多様な学習需要に適切に応えていくことは大変である。しかしながら，できる限り応えていくことがますます必要となってきており，その需要に応じたよりきめ細かな日本語教育政策を展開することが期待されている。本章では，これまでの日本語教政策の展開に関して，主として 1945（昭和 20 年）以降に焦点を当てて概観するが，4 つの時期に分類して，施策の動向に焦点を当てることとする。

　1945 年以降の第一期は，宣教師・占領軍人等に対する教育，賠償留学生

の大学予備教育から再開し，技術研修生，インドシナ難民，中国帰国者などの対象別日本語教育の開始。1972 年の国際交流基金の発足。1976 年の国立国語研究所日本語教育センターの設置。1979 年に政府の業務委託を受け，アジア福祉教育財団内に難民事業本部が発足し，兵庫県姫路市に姫路定着促進センターが開所され（1996 年に閉所）日本語教育が開講。日本語教育学会（1962 年に「外国人のための日本語教育学会」として発足）による『日本語教育事典』の発刊。1984 年に，埼玉県所沢市に中国帰国孤児定着促進センター（現在は中国帰国者定着促進センター）設置。生活日本語の習得支援活動が開始された時期までとする。

第二期は，年代的には若干重なるが，文部省（当時）の 21 世紀への留学生政策懇談会による「21 世紀への留学生政策に関する提言」(1983 年)の発表。翌年に「21 世紀の留学生政策の展開について」が発表されるとともに，21 世紀初頭へ向けての目標：留学生 10 万人受け入れ計画が具体化された時期を始まりとして，外国人に対する日本語能力試験の第一回を実施。1988（昭和 63）年の日本語教育能力検定試験の実施を経て，1990（平成 2）年の出入国管理及び難民認定法（以下入管法）の施行までの時期とする。

第三期は，1989 年から 1990 年にかけての入管法の改正・施行以降，家族を伴って来日し，日本の地域に長期滞在あるいは永住生活をし始めた南米出身の日系人を含む，いわゆるニューカマー（新来外国人）と呼ばれる人々への日本語教育の始まりから，学習者の増加と多様化の状況を経て，2003 年年の留学生受入れ 10 万人突破までとする。

第四期は，これも第三期と多少重なるが，2001 年に，静岡県浜松市で外国人集住都市会議が浜松で開催され，2004 年に経済団体連合会の提言，2005 年から 2006 年には総務省による「多文化共生推進プログラム」の作成に至るまでの展開があった。そして，2006 年から 2007 年，2008 年にかけては，地域における日本語教育支援を射程に入れた日本語教育政策の新展開があったが，2007 年 7 月に開設された文化審議会（国語の分科会）日本語教育小委員会が中間報告を提出した 2008 年 3 月までとする。

さらには，日本語教育政策の展開の中で特に重要と考えられる日本語教員養成に関する施策の展開については別途焦点を当てる。なお，本章の終わり

に，徐々に多言語・多文化化する社会に対応した日本語教育政策の充実へ向けた今後の展望についても若干触れておきたい。

2　昭和20年以降の動向(1)―国際交流の中の日本語教育へと至るまでの経緯

2.1　第一期：昭和20〜昭和50年代ごろまで

　日本における戦後の日本語教育については，昭和20年〜30年ごろ，宣教師等限られた外国人を対象として大学や民間機関での実践が始まり，1954 (昭和29) 年に東京外国語大学と大阪外国語大学に一年制の留学生別科が設置され，留学生に対する日本語教育が行われ始めた。1956年には，関西国際学友会館が開設され，1957年には，国費留学生の世話をする機関として「日本国際教育協会」及び留学生民間世話団体として「アジア学生文化協会」が設立された。1959年には通産省(現経済産業省)の関連機関として海外技術者研修協会が設立され，一般研修で日本語教育が開始された。1960年には，国費留学生の受入れ制度が改変され，三年制の留学生課程が千葉大学(理科系)と東京外国語大学(文科系)に設置された。同年「インドネシア賠償留学生制度」が発足し，5か年計画で，毎年100人を受入れ，国際学友会分校で日本語研修を一年間行うこととなり，その後留学生はそれぞれ大学へ進学することとなった。

　1961年，コロンボプランによる派遣専門家として，日本語教師がカンボジア，シンガポール，ビルマ，タイ，インドネシア，インドへ派遣された。同年，文部省調査局内に「日本語教育懇談会」が設置された。1962年年には「外国人のための日本語教育学会」が発足し，学会誌『日本語教育』の創刊号が発刊された。1964年には，文部省に留学生課が設置され，国費留学生招致数は100名から200名に倍増した。同年，第1回日本語教育研修会(文部省主催，後に文化庁主催となり，やがて国立国語研究所主催となるもの)が開催され，以降毎年行われるようになった。このころから日本語教育は徐々に広がりを見せ始め，1965年以降(昭和40年代)の高度経済成長期以降，その広がりはますます大きくなっていった。1966年には，文部省編『外国

人のための漢字辞典』『外国人のための専門用語辞典』が刊行された。1968年には，東京外国語大学特設日本語学科が発足し，同年，文部省編『外国人のための日本語読本（初級・中級）』が刊行された。1970年には，国費学部留学生の入学予備教育機関・東京外国語大学付属日本語学校（一年制）が開設され，それまでの三年制課程は廃止となった。

　1971年，文化庁編『外国人のための基本語用例辞典』が発刊された。同年，国際協力事業団による海外移住者子弟に対する日本語教師の派遣が行われた。この時期，日本と海外との文化交流事業の必要性が内外から叫ばれるようになり，1972年には対外経済協力審議会が，文化交流事業の一環としての日本語・日本文化の普及促進に貢献し得る日本語教育機関の早急な設置の必要性等を盛り込んだ「開発協力のための言語教育の改善について」を発表した。同年，約50億円の政府出資を受けて国際交流基金が設立され，以来，海外における日本語の普及や日本研究の援助のほか日本文化の紹介等をはじめ，幅広い文化交流事業を推進してきている。またこの年には，文化庁から『日本語教授法の諸問題』が発刊されている。1973年には，「日本語教育推進対策調査会」が文化庁に設置された。1974年には国際交流基金による「海外日本語教師研修会」が開始され，以後，毎年（夏期に）開催されることとなった。同年二月，前年に設置された日本語教育推進対策調査会（文化庁）が日本語教育に関する各種の施策を総合的かつ効率的に推進するために，日本語教育推進のための中核となる日本語教育センターの設置を盛り込んだ「外国人に対する日本語教育の推進の具体策について」という報告書をまとめた。さらに1974年5月，中央教育審議会でも「教育・学術・文化における国際交流について」の答申の中で，日本語教育施策を総合的かつ効果的に推進する機関として日本語教育センター的な中核となる機関の設置が急務である旨の提言が行われた。こうした提言を踏まえつつ，1976年，国立国語研究所に日本語教育センターが設置され，以来，外国人に対する日本語教育の質的向上及び充実を図るための日本語教育研究及び中核的な役割を担い得る日本語教師や人材の育成を図るための研修など，関連事業を展開してきている。また同年には，国際交流基金による「日本語教育短期巡回指導」が始まっている。なお，文部省（当時）は，1976年から，中国からの帰国子弟・

子女に対応した研究協力校指定と教員の加配を開始している。

2.2 第二期(1)昭和50年代〜入管法の改正・施行①——政府関係(公的)機関の動向

　まず1977(昭和52)年に，日本語教育施策の展開において，これまでさまざまな役割を果たしてきたと考えられる(社)国際日本語普及協会(AJALT)，日本語教育学会(1962年に「外国人のための日本語教育学会」として発足)が社団法人となるとともに，国立国語研究所(現在は独立行政法人国立国語研究所)で，日本語教育長期専門研修が開始された。

　1979年には，政府の業務委託を受け，アジア福祉教育財団内に難民事業本部が発足し，兵庫県姫路市に姫路定着促進センターが開所され，日本語教育が開講された(1996年に閉所)。1980年には，神奈川県大和市に大和定着促進センターが開所され，日本語教育が開講された(1998年に閉所)。1983年には，東京都品川区に国際救援センターが開所され日本語教育が開講された(2004年に閉所)。また，1984年には，埼玉県所沢市に中国帰国孤児定着促進センター(現在は中国帰国者定着促進センター)が設置され，生活日本語の習得支援活動が開始された。この時期，1979年には，文化庁に設けられた日本語教育推進対策調査会が日本語学習者の日本語能力の標準の設定と能力の測定の必要性を盛り込んだ「日本語教育の内容・方法の整備充実に関する調査研究について」を報告書として取りまとめた。この報告を受けて，日本語学習者の日本語能力を測定することを目的とした外国人に対する日本語能力試験が1983年度に，国内に関しては(財)日本国際教育協会の主催によって開催され，翌年度からは海外に関して国際交流基金の主催で開催され，今日に至っている。

　海外との交流等に関しては，1980年に，国際交流基金第一次対中国特別事業として，北京語言学院内に日本語研修センターが開設され，5か年計画で日本語教育専門家を派遣し始めた。同年，マレーシアのルックイースト政策によって，マラヤ大学とマレーシア国民大学に赴日留学生予備教育課程が設置され，日本語教師が派遣され始めた。1982年には，幅広い観点から日本語教育に焦点を当てた『日本語教育事典』が日本語教育学会の編集で出版

された。翌年(1983年)に，21世紀への留学生政策懇談会が「21世紀への留学生政策に関する提言」を，1984年には「21世紀への留学生政策の展開について」を発表し，西暦2000年における留学生の受入数を10万人まで拡大することを想定して様々な施策を講ずる必要があることや，その一環として日本語教育体制の整備強化が指摘された。こうして21世紀初頭における留学生10万人受入れ計画が具現化されていった。なお，1989(平成元)年には，海外の教員等を日本に招聘(へい)して研修する機関として，国際交流基金日本語国際センターが埼玉県(北浦和)に設立された。

2.3　第二期(2) 1980 (昭和55) 年前後～入管法改正・施行②─自治体・国際交流協会などの動向

　地域における日本語教育の展開に焦点を当てると，インドシナ難民の受入れや中国帰国者への支援をきっかけとして，各地域での国際交流活動の一環としての日本語学習支援の取組が徐々に始まったと考えられる。

　この時期から，徐々に地域における日本語教育に対する支援活動が散見されるようになったが，それらの大半は，国際交流活動の一環としてのボランティア活動として始まっている。1981年には，石川県金沢市の市民団体「金沢を世界にひらく市民の会」で，県民講座として日本で初めての「日本語教師養成講座」が実施され，それに伴い，日本の伝統文化や芸術等を含む地域文化を金沢から発信すべく，地域の文化振興活動や国際交流活動の盛り上がりの中で，日本語ボランティアによる支援活動が始まった。

　その他，昭和50年代には，栃木県宇都宮市，宮城県仙台市等において，市民活動の一環としての日本語教師養成講座が実施されており，徐々に日本語学習支援の充実へ向けた活動も展開されていくこととなった。なお，この時期の講座は，日本語教育をテーマ(課題)として掲げたボランティアグループの協力や推進運動があって実現した講座がほとんどだったようである。1988年には，徳島大学大学開放実践センターの開所に際し，第一回日本語教師養成講座が実施されている。この講座は，それまでの日本語ボランティア養成講座とは違った目的で実施されたものと考えられる。具体的には，現在各地域の高等教育機関の周辺で課題となっている大学と地域との連携・協

力活動の一環として実施された先駆け的試みとして，位置付けられる。なお，この時期，1983年には日本語研究に関する月刊雑誌として『日本語学』が明治書院から創刊され，日本語及び日本語教育の世界を知るための月刊情報誌として『日本語ジャーナル』(1986年発刊，2003年に休刊)や『月刊日本語』(1988年)がアルクから創刊されている。

　こうして1980年以降，地域に居住し始めた，インドシナ難民，中国帰国者，日系人，技術研修生，国際結婚の配偶者等の日本語習得支援に関連して，国際交流活動の一環としての支援活動が各地で始まり，日本語教室が創設・運営され始めた。並行して，その教室の企画や運営をしている個人同士や団体間・機関間のネットワーク化が，昭和50年代の終わりから平成の時代にかけて新たに進展することとなった。

　1989(平成元)年から1990年には，入管法の改正・施行により，三世までの日系人は就労も可能になり，いわゆる「ニューカマー」と言われる人々が地域に増加し始めた。

2.4　第三期：1990(平成2)年以降：入管法の施行後の状況変化

　いわゆる「ニューカマー」の人々をはじめとする国内外の日本語学習需要の増大に対応して，1991年にはNHKの教育テレビで「スタンダード日本語講座」の放送が開始され，国際交流基金日本語国際センターでは『日本語教育論集　世界の日本語教育』が創刊された。また，教員養成関係者・機関の連携・協力強化へ向けて，大学日本語教員養成課程研究協議会(大養協)が発足した。1992年には，家族を伴った在住外国人(南米人家族が特に多い)の中の特に子供の日本語習得支援の問題に対応して，文部省(当時)が，外国人児童・生徒向けに『にほんごをまなぼう』を刊行した。1993年には，日本語教育推進施策に関する調査研究協力者会議(文部省)が3年間の協議の成果をまとめ，報告書『日本語教育推進施策について―日本語の国際化に向けて―』を出した。1994年には，文化庁が第一回「これからの日本語教育を考えるシンポジウム」を開催し，翌年からは，日本語教育大会に吸収，その後もこの大会は継続している。1995年には，日本語教育学会から『日本語教育の概観』が発刊され，翌年にはその英訳版も出された。1997年に

は，国際交流基金関西国際センターが設立され，招聘研修に関して，1989年に設立された日本語国際センターとの役割分担がなされた。なお，1997年〜98年にかけては，国立国語研究所が中心となって，国際比較調査「日本語観国際センサス」を世界28か国・地域で実施し，その調査結果は第22期国語審議会の資料としても活用された。

　1994年から2000年度にかけては，文化庁委嘱地域日本語教育推進事業が8つの地域（神奈川県川崎市，群馬県太田市，山形県山形市，静岡県浜松市，大阪府大阪市，東京都武蔵野市，福岡県福岡市，沖縄県西原町）で実施された。この推進事業が展開されていた1999年に，「今後の日本語教育施策の推進に関する調査研究協力者会議」（文化庁）が，国の日本語教育施策の指針となるべく「今後の日本語教育施策の推進について―日本語教育の新たな展開を目指して―」を報告した（文化庁のホームページ：http://bunka.go.jp 参照）。2000年には，「日本語教員の養成に関する調査研究協力者会議」（文化庁）が，「日本語教育のための教員養成について」を，2001年には「日本語教育のための試験の改善に関する調査研究協力者会議」（同）が「日本語教育のための試験の改善について―日本語能力試験・日本語教育能力検定試験を中心として―」を報告した。これら一連の報告は，その後の日本語教員養成機関の教育内容や日本語教育能力検定試験の内容・方法の改変等へとつながっている。また，2002年に開始された「日本留学試験」の中で実施されているアカデミックジャパニーズの試験と日本語能力試験の一・二級の果たす役割の違いの明確化やこれからの時代に対応した日本語能力試験の在り方についても，様々な観点から指摘がなされている。そして，この時期，1996年〜1999年度まで，高度情報化に伴う新しい通信手段を利用した日本語教育の指導内容・方法に関する実証的研究を文化庁で行い，情報通信技術（IT）を活用した日本語教育の指導内容・方法の在り方に関する指針を報告書の形で順次提出した。その結果をまとめるべく，情報通信技術（IT）を活用した日本語教育の在り方に関する調査研究協力者会議が開設・運営され，2003年に『情報通信技術と日本語教育』という報告書がまとまった（文化庁のホームページ参照）。なお，ITに関連して，1999年度には，国内外における日本語教育を支援するため，日本語教育に関する各種情報や教材用素材

を，インターネットを活用して収集・提供する総合的なネットワークシステム (http://www.kokken.go.jp/nihongo) を文化庁で構築し，2001年度から国立国語研究所で運営している (2007年度から2008年度にかけて検索ページがリニューアルされた)。

一方，国語審議会（文化庁）では1999年12月に「国際社会に対応する日本語の在り方」を文部科学大臣に答申した。その後国語審議会は廃止され，2001年には文化審議会となり，その中で国語の分科会として改めて発足した。

2001年の12月には「文化芸術振興基本法」が公布・施行され，その18条で国語の振興が，19条で日本語教育の振興が法律として初めて定められた。この2001年には，全国的な調査としては初めて**「地域の日本語教室に通っている在住外国人の日本語に対する意識等について」の調査が行われ，その結果を踏まえながら**，地域日本語支援コーディネータ研修事業が始まった。これは文化庁からの委嘱事業として，実際の仲介・実施は，国際日本語普及協会 (AJALT) で行っていた。2003年からは，関連して，日本語ボランティア研修事業も始まった。また，並行して，2002年からは，「親子参加型日本語教室」（公式には「学校の余裕教室を活用した親子参加型の日本語教室開設事業」）も開始された。文部科学省においては，2003年に，約二年間の調査研究協力者会議での検討を踏まえ，「学校教育におけるJSL (Japanese as a Second Language：第二言語しての日本語) カリキュラムの開発について」の最終報告（小学校編）を取りまとめた（その後，2007年には中学校編の最終報告もまとめられ公開された）。なお，この2003年には留学生受入れ数が10万人を突破したが，2004年には，出入国管理局の在留資格認定の厳格化により，中国からの留学生が激減し，受入れ施策の軟化や，需要に応じたより適切な対応が期待された。なお，同2004年には，『地域日本語学習支援の充実―共に育む地域社会の構築へ向けて』（地域日本語教育活動の充実方策に関する調査研究協力者会議）が報告書としてまとめられ，国立印刷局から発刊された。

2.5　第四期：2001（平成13）年以降：集住都市会議の設立・開催以降の状況変化

2.5.1　多言語・多文化化する地域社会と対応方策：自治体の動向から

　多文化共生推進プランが出されたのは2006年だが，このプランが出される以前の自治体の動向に焦点を当てると，まず，2001年に，外国人集住都市会議[2]が浜松で開催され，「浜松宣言」が出された。この宣言では「日本人住民と外国人住民が，互いの文化や価値観に対する理解と尊重を深めるなかで，健全な都市生活に欠かせない権利の尊重と義務の遂行を基本とした真の共生社会の形成」を提唱している。2002年には，大阪府において，在日外国人施策に関する指針が出された。その中で「すべての人が，人間の尊厳と人権を尊重し，国籍，民族等の違いを認めあい，ともに暮らすことのできる共生社会の実現」が唱えられている。続いて，2004年には，愛知県・岐阜県・三重県・名古屋市が連携して，「多文化共生社会づくり共同宣言」が出された。

　こうした状況下，総務省では，2005年6月に「多文化共生の推進に関する研究会」を設置し，地域における多文化共生施策の推進について検討を進め（山脇2005），2006年3月に，多文化共生推進プログラムを提出した。地方自治体における多文化共生の推進について，国のレベルで総合的・体系的に検討したのは，今回が初めてであり，地域において取り組みが必要な「コミュニケーション支援」「生活支援（居住，教育，労働環境，医療・保健，福祉，防災等）「多文化共生の地域づくり」「多文化共生の推進体制の整備」の各分野をプログラムとして取りまとめ，具体的な提言を行うとともに，施策に着手する地方自治体の参考となるよう，先進的な取り組み事例を取りまとめた。

　総務省の動きも含めて，2005年は，多文化共生元年とも呼ばれている（山脇2005）が，さまざまな地域で，多文化共生推進プランの実現に向けた，あるいは推進プランとは別途展開していた自治体独自の施策展開がなされている[3]。例えば，日本語教育支援活動の文化理解や「多文化共生の地域づくり」という観点から注目される動きとして，長野県では，官民学の協働で，総合学習の時間を活用して，地域の実態を知るような授業を展開する中で，共生

社会の意味や意義について，子どもたち，家族，地域に伝えていく事業を展開している (熊谷他 2008)。こうした政策・施策や連携・協働事業の展開については，国に先駆けて，地域や地方・自治体から，粘り強く発信していくことが期待される。

なおこの推進プランが出される 5 年ほど前，2001 年 12 月に，先述の「文化芸術振興基本法」(2001 年法律第 148 号) が施行された。その第 19 条には「国は，外国人の我が国の文化芸術に関する理解に資するよう，外国人に対する日本語教育の充実を図るため，日本語教育に従事する者の養成及び研修体制の整備，日本語教育に関する教材の開発その他必要な施策を講ずるもの」と定め，「日本語教育」という用語が初めて法律文書に使われた。この法律を受けて 2002 年 12 月に閣議決定された「文化芸術の振興に関する基本的な方針」においては，日本語教育の普及及び充実に関して，①日本語教育の指導内容・方法等の調査研究，②日本語教育教材等の開発及び提供，③日本語教育に携わる者の研修等，④地域の実情に応じた日本語教室の開設や幅広い知識や能力を持つ日本語ボランティアの養成及び研修，⑤日本語教員等の海外派遣・招聘研修，⑥インターネット等の情報通信技術を活用した日本語教材・日本語教育関係情報の提供などの施策を推進することとしている。この方針のもと，日本語教育政策の充実，ひいては多言語・多文化化する地域社会の需要に応えるべく，①～⑥に関連した施策が展開されている。

2.5.2 多言語・多文化化する地域社会と対応方策：国の政策動向から
―日本語教育政策の転換年としての 2007 年―

集住都市宣言，経団連の提言，多文化共生推進プログラムなどの延長線上に，2006 年から 2007 年にかけて，地域日本語教育を射程に入れた日本語教育政策の新展開につながる出来事があった。2006 年 6 月 22 日の経済財政諮問会議では，「『生活者としての外国人』問題への対応 (中間整理)」が提出され，その中に外国人労働者問題に関するプロジェクトチームの「外国人労働者の受入れを巡る考え方のとりまとめ」が付されている。これに関連して，同年 9 月 26 日には法務省内に設置された「今後の外国人の受入れに関するプロジェクトチーム」が「今後の外国人の受入れに関する基本的な考え

方」を提出し，そこには「外国人の生活基盤の整備」に関する提言等とともに，第3次出入国管理基本計画に基づく「高度人材」の受入れについても言及されている。同年12月25日には，内閣官房の外国人問題労働者関係省庁連絡会議において「『生活者としての外国人』に関する総合的対応」が提出され，それが，翌26日の経済財政諮問会議で認められた後，2007年度の予算では，省庁を超えて，地域日本語教育支援に関する施策が実行されるようになった。

　こうした状況下，地域日本語教育支援を含む日本語教育政策の構築や関連施策の展開に最も関わりが深い文化庁では，2007年7月に文化審議会の国語分科会に，戦後初めて日本語教育小委員会が設けられた。この委員会では，「日本語教育における今後検討すべき課題について」議論がされ，その報告書が年度末に出された。そのⅠ章では，多文化社会における日本語と日本語教育について論じており，その3節では「多文化社会に対応した日本語教育」と題して，「文化的背景の多様な人々が共通語である日本語を通して築く社会では，社会参加に最低限必要な日本語能力を習得するための学習環境の整備と学習機会の提供が必要である。特に，我が国に暮らすすべての人が，健康かつ安全に，生活するために必要な日本語教育の内容を検討するとともに，学習機会提供のための仕組みを整備する必要がある。」と述べている。そして，Ⅲ章の今後検討すべき課題の1節，内容の改善の中では(1)地域における日本語教育の専門性と内容の明確化，(2)コーディネータの養成，2節，体制の整備の中では，(1)日本語教育の政策的位置づけ，(2)地域における体制整備について言及している。特に，(1)では「多文化共生社会実現のために，国は日本語教育の政策的位置づけを明確にし，地域はその責任において取り組むべき日本語教育の課題と実施主体を明確にする。そして，地域の日本語教育関係者が活動しやすいような基本的な枠組みを示す必要がある。」と述べている。さらに，第3節，連携協力の推進では，「日本での生活基盤を確立するためには，地域における日本語教育においては単なる語学習得にとどまらず，地域に暮らす外国人が，医療・福祉・安全・教育・就労・税金等の様々な分野に関する知識を併せて習得できるように，日本語教育以外の関係者との連携をとった教育体制の整備が必要である」としてい

る。このように，日本語教育の流れは「日本語学習を主目的とする学校型日本語教育から，地域社会と密着し生活を基盤として日本語学習を位置づける社会型日本語教育」へと広がりを見せてきている（石井1997：6）。

　この一連の動きと並行して，2007年の日本語教育学会秋季大会では，「『生活者としての外国人』と日本語教育」というテーマで，文部科学省，文化庁，総務省，経団連の関係者を招聘して，シンポジウムが開催された。コーディネータの田尻氏がシンポジウムの開催趣旨で述べているように，2007年はまさに「日本語教育政策元年」であり（田尻2007），地域日本語教育支援方策の充実へ向けた転換点と呼べるような年であったことが窺える。次に，この日本語教育政策の進展に向けて，特に重要と考えられる日本語教員養成の充実に向けた政策の展開について，1975年以降の動きを中心に改めてここで触れておきたい。

3　日本語教員養成の充実に向けた政策の展開
― 1975（昭和50）年以降

　日本語教員の養成については，1976年3月，日本語教育推進対策調査会が文化庁長官に提出した「日本語教員に必要な資質・能力とその向上策について」の報告書の中で，日本語教員に期待される資質と能力を規定している。また，その向上を図るために，例えば日本語教員の養成・研修等の制度的，内容的改善を進める一方，将来，日本語教員の資質・能力に関して何らかの基準を設けて検定試験を行うことなども考慮すべきことが指摘されている。

　さらに，旧文部省の21世紀への留学生政策懇談会による「21世紀への留学生政策に関する提言」（1983）の内容等を受けつつ，1985年5月，日本語教育施策の推進に関する調査研究会は，21世紀初頭の国内における日本語学習者数を14万2,500人と予想し，その需要に応じた教育を行うために必要な日本語教員数を2万4,900人とする試算を行った。その上で，計画的な日本語教員養成の機関の整備・充実方策を展開することを提言した。この提言においては，国立大学に日本語教員の養成を主目的とする学科等を設ける

ほか，日本語教員養成の副専攻課程や民間の教員養成機関を含めた各日本語教員養成機関の目的に応じた日本語教員養成のための標準的な教育内容の基準，さらには日本語教員の検定制度の必要性についても言及されている。

ここで提言された日本語教員養成のための教育内容に基づいて，国立大学においては，この昭和50年代の後半から昭和60年代の時期，日本語教員の養成に関して幾つかの動きがあった[4]。1985年に，筑波大学日本語・日本文化学類，東京外国語大学外国語学部日本語学科が(特設日本語学科から改組され)設置され，大学における日本語教員養成が本格化した。翌年には，広島大学教育学部日本語教育学科が設置され，1987年には，愛知教育大学教育学部に日本語教員養成を目的とした日本語教育コースが設置された。以後，各地の大学で教員養成コースの整備が図られてきている。

1987年4月には，日本語教員検定制度に関する調査研究会が，日本語教育に関する知識・能力が日本語教育の専門家として必要とされる水準に達しているかどうかを測るため，大学の日本語教員養成の副専攻課程レベルの知識・能力に水準を置いた日本語教員検定試験(日本語教育能力検定試験)の実施について，その出題範囲など具体的な提言を行い，1988年1月(昭和62年度末)には，外国人に日本語を教える日本語教員の専門性の確立と日本語教育の水準の向上に資することを目的とした日本語教育能力検定試験(第一回)が実施され，その後毎年実施されている。関連して，1989年には，海外の日本語教員等が日本語・日本事情などの集中研修を受けられる機関として，国際交流基金日本語国際センターが開所している。

この時期，1988年，中国の上海における就学希望者の授業料等返還問題をはじめとして，日本語教育施設の在り方が社会的な問題として取り上げられたことに伴い，1988年12月には，文部省の「日本語学校の標準的基準に関する調査研究協力者会議」が，日本語教育施設における授業時間数，教員数，教員の資格等の要件を定めた「日本語教育施設の運営に関する基準」を策定した。さらに，1989年5月には，日本語教育関係者によって日本語教育振興協会が設立され(1990年2月から財団法人)，この「基準」に基づく日本語教育施設の審査・認定事業が始まった。

1993年6月，国語審議会は「現代の国語をめぐる諸問題について」の報

告の中で，国際社会における日本語の在り方について検討するとともに，日本語教育に対する需要の増大と多様化に伴い，指導内容，指導方法の研究開発等の推進を図るべきである旨の提言を行った。

　日本語教育能力検定試験が開始されて約20年，その間，社会的な変化としては，1990年に新しい（改正された）入管法の施行に伴う外国人登録者数の増加や，家族を伴った中長期滞在者の増加などに応じて，これまでになかったいわゆる地域日本語学習支援の充実が必要となってきた。こうした状況の変化に対応するため，1998年度には今後の日本語教育施策の推進に関する調査研究協力者会議が開設され，1999年の3月には「今後の日本語教育施策の推進について―日本語教育の新たな展開を目指して―」という報告書が出され，地域における日本語教育の推進や日本語教員養成の在り方に関する課題の提示など，様々な提言がなされた。

　この報告書の指摘に応じて，1999年7月には「日本語教員の養成に関する調査研究協力者会議」が設立され，日本語教員の資質向上とその養成に関し一層の改善を図ることを目的として議論が行われ，2000年3月には「日本語教育のための教員養成について」という報告書が取りまとめられ，日本語教員養成における教育内容の改善や日本語教育能力検定試験の今後の在り方についての言及がなされた。この報告書は前年の「今後の日本語教育施策の推進について―日本語教育の新たな展開を目指して―」という報告書を受けたものであるが，それ以前（1985年）に出された文部省の日本語教育施策の推進に関する調査研究会報告「日本語教員の養成等について」において提示された「日本語教員養成のための標準的な教育内容」を基本として，社会状況に応じた改善に重点を置いた報告となっている。具体的には，報告書の提言・指針に関連して，日本語学習者の多様な学習需要に適切に対応した教育内容への改善の必要性や，1985年の指針は，時代の変化に応じ切れておらず（硬直的なものとして受け止められ），（どちらかと言えば）各日本語教員養成機関の教育課程を編成する上での制約になっている嫌いがあることを指摘している。そして，今回の報告で示された教育課程編成の基本的な在り方としては，画一的な教育内容ではなく，基礎から応用に至る選択可能な教育内容を示すことを基本としている。また，どのような教育課程を編成す

るかは各養成機関の自主的な判断にゆだね，従来設けられていた標準単位数や主専攻・副専攻の区分は設けないものとしている。そして，各養成機関への期待として，今回示された教育内容を参考にしつつ，養成する(予定の)日本語教員の多様性に応じ，いろいろな組合せの教育課程が編成可能となることや，各大学等の教育目的が一層実現されやすいように工夫できるようになったことへの気付きと認識の深化が期待されている。さらに，こうした気付きと認識の深化及び各大学の創意工夫により，例えば，日本語教育のみならず，関連する他の領域(国語，外国語，言語教育，コミュニケーション教育など)についても履修できるような教育課程編成の在り方が想定可能とされている。

　日本語教育能力検定試験については，報告書では，同試験は日本語教員を目指す人の学習到達目標として活用されている実態があるとともに，日本語教育施設に教員として採用されるための条件となっている場合も多く，日本語教育施設の教育水準を高める上で大きな役割を果たしてきていることや，同試験により最低限必要な数の日本語教育専門家を確保することについては達成しつつあることを指摘している。また，現試験では日本語教育に必要な実践的教育能力について十分に測ることができないことや，多様な教育の場で活躍するための知識や能力を担保する試験のレベル設定へ向けての課題等も指摘された。続いて翌年，「日本語教育のための試験の改善について─日本語能力試験・日本語教育能力検定試験を中心として」(2001年3月，日本語教育のための試験の改善に関する調査研究協力者会議)が出され，新たな「日本語教員養成において必要とされる教育内容」が更に確認されるとともに，検定試験への活用が指摘された。同年，新たな教育内容の周知と確認作業の一貫として大学等の養成機関については「大学日本語教員養成課程において必要とされる新たな教育内容と方法に関する調査研究報告書」(2001年3月，日本語教員養成課程調査研究委員会)が，日本語学校等の養成機関については「平成一二年度文化庁委嘱事業　日本語教育施設における日本語教員養成について」(2003年3月，財団法人日本語教育振興協会，日本語教育施設における教員養成の教育課程に関する調査研究委員会)が文化庁の委嘱研究の成果として出された。そして，「平成一三年度文化庁委嘱調査研究

日本語教育能力に関する試験の実施方法・内容に関する調査研究」(2002年3月，社団法人日本語教育学会) を経て，改訂へ向けての基盤作りや試行テスト等が実施され，2003年度の試験から試験内容が新たな教育内容に準じたものとなり実施されている。

4 終わりに─多言語・多文化化する地域社会の未来に向けて

　外国人登録者数の増加や，日本を取り巻く国内外の国際的な人の流動化から想定すると，今後の日本語学習者・学習希望者の数の増加や，学習目的・需要の多様化はますます増大していくことが予測される。また，日系南米人等の地域定住者が長期滞在化したり永住化することや，大学等に留学した者が日本で就職をして長期滞在したり永住したりすること，介護福祉士・看護師，コンピュータ技術者などをはじめとした高度な技術・能力を持った外国人労働者が増加することが予想されることから，こうした人々が必要とする特殊目的のための日本語や言語生活の充実へ向けた政策の展開が期待される。

　こうした状況下，日本経済団体連合会が「外国人受け入れ問題に関する提言」の中で指摘したように，社会状況の変化 (地域の国際化，労働人口の減少，地球的規模の人の流動化等) に応じた外国人住民の受け入れ施策の充実・まちづくりや，多言語・多文化化する地域社会の変容に応じた政策の展開に向けて，例えば「多文化共生庁」や「移民庁」(坂中 2008) のような，省庁横断的に考えるための新機関設置の実現が期待される。

　さらに，今後の日本が例えば，山西 (2007) の言う地域における新たな文化の創造や，育成型の地域社会や移民国家 (坂中 2008) を目指すためには，「外国人住民が日本社会に適応するだけでなく，状況に応じて，日本社会の側からも変わっていく」というような意識や「対話や協働作業を通してお互いの特徴をわかちあうことは，ひいては，住みやすいまちづくりに繋がる」という意識を共有することが重要となってこよう (野山 2004)。

注

1　本章は，野山(2003c, 2008)を参照，引用しながら，本書のテーマにあわせて加筆，再構成して，執筆したものである。
2　2001年5月に発足した会議。自治体，国際交流協会等を中心に，発足当時，13の自治体で構成されていた。2001年11月に浜松市で開催した会議では，直面している課題のうち，「教育」「社会保障」「外国人登録等諸手続」の3点について，関係機関への提言事項をまとめた。また，共生社会の構築を住民参加と協働により進めていくことを決意した宣言（浜松宣言）と先述の3つの提言を持参して，関係省庁への申し入れも行った。
3　川崎市の「多文化共生社会推進指針」，立川市の「多文化共生推進プラン」の作成，群馬県の「多文化共生支援室（新政策課）」，新宿区の「多文化共生プラザ」，長野県の「多文化共生推進ユニット（国際課）」の設置等が，それぞれ共振したかのように実現した。
4　これ以前の日本語教育機関等の動きとしては，例えば，1953年に，国際基督教大学語学科に日本語教育プログラムが発足し，55年には，日本語専攻課程が発足。1964年には，早稲田大学語学教育研究所が第1回日本語教育公開講座を開催。1972年には，慶應大学国際センターが日本語教授法講座を開設。1974年には，天理大学が日本語教員養成課程を設置している。

引用・参考文献

秋山博介・奥村訓代・野山広 共編著(2003)『現代のエスプリ432 マルチカルチュラリズム―日本語支援コーディネータの展開―』至文堂
石井恵理子(1997)「国内の日本語教育の動向と今後の課題」『日本語教育』94号 pp. 2–12 日本語教育学会
上野田鶴子編(1991)『講座日本語と日本語教育16 日本語教育の現状と課題』明治書院
江淵一公・小林哲也編(1985)『多文化教育の比較研究』九州大学出版会
小沢有作編(1983)『日本語学級の子どもたち―引き揚げの子どもが出会う〈日本〉』社会評論社
外国人集住都市公開首長会議(2001)『外国人集住都市会議 浜松宣言及び提言』(浜松国際シンポジウム)
加藤秀俊(2004)『多文化共生のジレンマ―グローバリエーションのなかの日本―』明石書店
柏崎千佳子・近藤敦・山脇啓造(2003)「多民族国家日本の構想」金子勝・藤原帰一・山口二郎編『東アジアで生きよう！経済構想・共生社会・歴史認識』岩波書店 pp.125–162
河原俊昭編著(2004)『自治体の言語サービス―多言語社会への扉をひらく―』春風社
河原俊昭・野山広編著(2007)『外国人住民への言語サービス』明石書店

熊谷晃・春原直美・野山広・平高史也編(2008)『共生―ナガノの挑戦(チャレンジ)―民・官・学協働の外国籍住民学習支援』信濃毎日新聞社
国際研修協力機構(1993)『外国人研修における日本語指導のガイドライン』
国際交流基金日本語国際センター(1993〜2006)「海外の日本語教育の現状」
国立国語研究所編(2006)『日本語教育の新たな文脈―学習環境，接触場面，コミュニケーションの多様性―』アルク
坂中英徳(2004)『外国人に夢を与える社会を作る―縮小してゆく日本の外国人政策―』日華僑報社
坂中英徳(2008)「移民1000万人受け入れへの具体案―『育成型』移民政策に舵を切れ」『週刊エコノミスト』1月15日号，pp.22-24. 毎日新聞社
佐治圭三・真田信治監修(2004)『改訂新版　日本語教師養成シリーズ1　文化・社会・地域』東京法令出版
佐藤郡衛(2001)『国際理解教育―多文化共生社会の学校づくり』明石書店
佐藤郡衛(2007)「異文化間教育と日本語教育」『日本語教育』132号 pp.45-57
佐藤郡衛・吉谷武志編(2005)『ひとを分けるものつなぐもの―異文化間教育からの挑戦』ナカニシア出版
真田信治編(2006)『社会言語学の展望』くろしお出版
関正昭(2004)「日本語教育史」佐治圭三・真田信治監修『改訂新版　日本語教師養成シリーズ1　文化・社会・地域』東京法令出版
関正昭(1997)『日本語教育史研究序説』スリーエーネットワーク
関正昭・平高史也編(1997)『日本語教育史』アルク
田尻英三・田中宏・吉野正・山西優二・山田泉著(2004, 2007増補版)『外国人の定住と日本語教育』ひつじ書房
田中望(1997)「外国人のコミュニケーション権とそのためのエンパワメントのあり方」国立国語研究所『多言語・多文化コミュニティのための言語管理―差異を生きる個人とコミュニティ―』pp.117-124
多文化共生センター(2007)『多文化共生に関する自治体の取組みの現状』
徳川宗賢(1999)「ウェルフェア・リングイスティクスの出発」(対談者J. V. ネウストプニー)『社会言語科学』第2巻第1号 pp.89-100 社会言語科学会
国際交流基金(2003, 2006)「海外の日本語教育の現状」
西原鈴子・水谷修・山田泉・カイザー・シュテファン(1999)「日本語教育と言語政策」『社会言語科学』第2巻第1号 pp.101-106 社会言語科学会
21世紀への留学生政策懇談会(1983)『21世紀への留学生政策に関する提言』文部省
日本経済団体連合会(2004)『外国人受け入れ問題に関する提言』(社)日本経済団体連合会
日本語教育学会(1995)『日本語教育の概観』(執筆者：柳澤好昭)
日本語教育学会(1995)『ひろがる日本語教育ネットワーク最新事例集』大蔵省印刷局
野山広(2002)「地域社会におけるさまざま日本語支援活動の展開―日本語支援活動支援だけでなく共に育む場の創造を目指して」『日本語学』5月号 pp.6-22 明治書院

野山広(2003a)「地域ネットワーキングと異文化間教育―日本語支援活動に焦点を当てながら―」『異文化間教育』第18号 pp. 4–13　異文化間教育学会

野山広(2003b)「多言語教育時代―国内外の現状と制度化へ向けての動向―」『桜美林シナジー』第一号，桜美林大学院国際学研究科

野山広(2003c)「日本語教育に関する施策の展開について―主に昭和二十年以降の動向に焦点を当てながら」『国語施策百年の歩み』(非売品) 文化庁

野山広(2004)「多文化共生の時代に応じた日本語教育のあり方」『経済 Trend』(2004年8月号) pp.38–39, 日本経済団体連合会

野山広(2005)「多文化共生社会に対応した外国人受入れ施策や言語教育施策の在り方に関する一考察」『言語政策』1号 pp.37–62 日本言語政策学会

野山広(2008)「多文化共生と地域日本語教育支援―持続可能な協働実践の展開を目指して―」『日本語教育』138号 pp.4–13 日本語教育学会

縫部義憲編著(2002)『多文化共生時代の日本語教育―日本語の効果的な教え方・学び方』瀝々社

長谷川恒雄(1996)「日本語教育とは何か―その歴史と展望―」『新「ことば」シリーズ　日本語教育』所収 大蔵省印刷局

春原憲一郎・横溝紳一郎共編著(2006)『日本語教師の成長と自己研修：新たな教師研修ストラテジーの可能性をめざして』凡人社,

春原憲一郎(2007)「安全な下降のための言語事業設計理論」『言語政策』3号 pp.1–18 日本言語政策学会

藤田美佳(2005)「農村に投げかけた『外国人花嫁』の波紋―生活者としての再発見―」佐藤・吉谷編(2005) pp.221–252

文化庁文化部国語課(1993～2007)『国内における日本語教育の概要』

文化庁文化部国語課(1994)『異文化理解のための日本語教育 Q & A』

文化庁(1999)『今後の日本語教育施策の推進について―日本語教育の新たな展開を目指して―』(今後の日本語教育施策の推進に関する調査研究協力者会議)

文化庁(2000)『日本語教育のための教員養成について』(日本語教員養成に関する調査研究協力者会議)

文化庁(2000)『国際社会に対応する日本語の在り方』国語審議会答申

文化庁(2001)『日本語教育のための試験の改善について―日本語能力試験・日本語教育能力検定試験を中心として』(日本語教育のための試験の改善に関する調査研究協力者会議)

文化庁(2003)『国語施策百年の歩み』(非売品)

文化庁委嘱地域日本語教育推進事業報告書(平成八年度～一二年度)(1994年度～2000年度)

文化庁(2003)『情報通信技術と日本語教育』(情報通信技術(IT)を活用した日本語教育の在り方に関する調査研究協力者会議)

文化庁編(2004)『地域日本語学習支援の充実―共に育む地域社会の構築へ向けて―』(国立印刷局)

細川英雄 (2007)「日本語教育のめざすもの―言語活動環境設計論による教育パラダイム転換とその意味」『日本語教育』132 号 pp.45–57 日本語教育学会
水谷修 (1995)「日本語教育政策―日本語教育全般について」『日本語教育』86 号別冊，日本語教育学会
むさしの参加型学習実践研究会著 (2005)『やってみよう参加型学習　日本語教室のための4つの手法～理念と実践～』(スリーエーネットワーク)
明治書院 (1991)『日本語教育の歴史』(講座日本語と日本語教育 15)
毛受敏浩・鈴木江里子編著 (2007)『「多文化パワー」社会―多文化共生を超えて』明石書店
文部省 (1984)『21 世紀への留学生政策及び展開について』(留学生問題調査・研究に関する協力者会議)
文部省 (1985)『日本語教員の養成等について』(日本語教育施策の推進に関する調査研究会)
文部省 (1993)『日本語教育推進施策について―日本語の国際化に向けて―』(日本語教育推進施策に関する調査研究協力者会議)
文部省 (2000)『「日本留学のための新たな試験」シラバス案』(「日本留学のための新たな試験」調査研究協力者会議)
山田泉 (2002)「地域社会と日本語教育」細川英雄編著『ことばと文化を結ぶ日本語教育』凡人社
山田泉 (2004)「多文化教育としての日本語教育の取り組み」『法政大学キャリアデザイン学部紀要』第 1 号，pp.1–27. 法政大学
山西優二 (2007)「多文化共生とは～対立・緊張，そして新たな関係作り～」『多言語・多文化ブックレット No.6』東京外大・多言語・多文化教育研究センター pp.26–38
山野上麻衣・林嵜和彦 (2007)「浜松市における外国人の教育問題と協働―カナリーニョ教室による不就学対策より」矢野泉編著『多文化共生と生涯学習』pp.141–186. 明石書店
山脇啓造 (2005)「2005 年は多文化共生元年？」『自治体国際化フォーラム』5 月号
山脇啓造・近藤敦・柏崎千佳子 (2001)「多民族国家・日本の思想」『世界』690 号岩波書店
渡戸一郎・川村千鶴子編 (2002)『多文化教育を拓く―マルチカルチュラルな日本の現実の中で』明石書店
渡辺文夫 (1994)「異文化接触のスキル」(菊地章夫・堀毛一也編著『社会的スキルの心理学』川島書店

【参考資料：参考・引用したホームページ】
1. 日本経済団体連合会 (経団連) (http://www.keidanren.or.jp/)
2. 外国人集住都市会議 (http://homepage2.nifty.com/shujutoshi/)
3. 多文化共生推進プログラム (http://www.soumu.go.jp/s-news/2006/060307_2.html)

総務省関係の取り組み

　総務省は中央官庁レベルでは初めて、地方自治体における外国人との共生をテーマとした報告書をまとめた (http://www.soumu.go.jp/s-news/2006/pdf/060307_2._bs1.pdf)。この報告書がもととなり、全官庁を巻き込んだ対応策が作られることになった。その点では、この報告書の日本語教育政策史上の意味は大きいし、これを中心的に作った明治大学の山脇啓造氏の功績も評価すべきと考える。多文化共生の推進に関する研究会は 2005 年 6 月に第 1 回が開かれている。

　この報告書は 2006 年 3 月に「多文化共生の推進に関する研究会報告書〜地域における多文化共生の推進に向けて〜」と題されて、総務省に提出されている。この報告書を出すに至った背景として、外国人登録者数が 2004 年末で約 200 万人となり、「外国人住民施策は、既に一部の地方自治体のみならず、全国的な課題となりつつある。このような中、外国人労働者政策あるいは在留管理の観点からの検討だけではなく、外国人住民を生活者・地域住民として認識する視点から、多文化共生の地域づくりを検討する必要性が増している」から検討を始めたとある。

　第 1 章は「総論」として、外国人住民現状や課題についてふれている。

　第 2 章は「多文化共生推進プログラムの検討」となっており、「1. 検討にあたっての基本的考え方」では、「外国人を地域で生活する住民と捉え、『コミュニケーション支援』および『生活支援』について総合的・体系的に検討する。また、地域社会の構成員として共に生きていくという観点から、『多文化共生の地域づくり』について、さらに、これらの取組を実施するため、地域における『多文化共生の推進体制の整備』についても検討する」となっていて、生活レベルでの多文化共生をはかることを目指していることがわかる。

「2. コミュニケーション支援」では，地域における情報の多言語化として，多様な言語・多様なメディアによる情報提供，外国人住民対応の専門家養成，地域の外国人住民の活用，JET プログラムの国際交流員の活用などがあげられ，地域の取り組み事例を紹介したあと財団法人自治体国際化協会の取り組みなども紹介されている。日本語および日本社会に関する学習支援としては，地方自治体や国において学習機会の提供，中国帰国者定着促進センター等のノウハウの活用，永住許可取得時の日本語能力の考慮などが挙げられていて，文化庁の「地域日本語教育支援事業」の説明もある。

「3. 生活支援」のうち「居住」に関しては，多言語による情報提供，入居差別の解消，住宅入居後のオリエンテーションを自治会・NPO と連携して実施，自治会・町内会等を中心とする外国人支援の取り組み，外国人住民が集住する団地等における相談窓口の設置などが挙げられ，地域の取り組み事例を紹介したあと国土交通省の「あんしん賃貸支援事業」も紹介されている。

「教育」に関しては，地方自治体としては多言語による入学案内や就学時の情報提供，JSL カリキュラムを使っての日本語の学習支援（ここでは高等教育進学も考慮した日本語能力習得，加配教員の配置，ボランティア団体と連携した学習支援，母語による学習サポートもふれられている），親子間のコミュニケーションや保護者と学校とのコミュニケーション上の問題解消のための地域ぐるみの取り組み，不就学児童への対応，進路指導および就職支援，国際理解教育の推進，外国人学校の法的地位の明確化，多文化対応による就学前教育制度の周知，2005 年 5 月の日本・ブラジル両首脳による「在日ブラジル人コミュニティに関する共同プログラム」を引用しての JET プログラム国際交流員の活用などが挙げられている。国としては，外国人児童生徒の教育のあり方についての基本的な考え方の提示や日本語教育方法の確立（国際交流基金や文化庁との連携の必要性），不就学児童生徒への対応，外国人学校のあり方の検討が挙げられ，地域での取り組み事例の紹介とともに文部科学省の「帰国・外国人児童生徒支援体制モデル事業」と「不就学外国人児童生徒支援事業」も紹介されている。

「労働環境」に関しては，地方自治体としては地域のハローワークや地元

の商工会議所等との連携による就業支援，外国人住民の起業支援，国としては就業環境の改善，外国人労働者の実態把握と失業対策，外国人住民の起業支援が挙げられていて，地域の取り組み事例も紹介されている。

「医療・保健・福祉」に関しては，地方自治体としては外国語対応可能な病院・薬局に関する情報提供，医療問診票の多言語による表記，広域的な医療通訳者派遣システムの構築，健康診断や健康相談の実施，日本で出産する外国人女性のための母子保健および保育における対応，高齢者・障がい者への対応，国としては社会保険への加入の促進，医療通訳者の育成および費用負担の問題，医療従事者や福祉関係者への研修の実施が挙げられ，地域の取り組み事例も紹介されている。

「防災」に関しては，災害等への対応，緊急時の外国人住民の所在把握，災害時の通訳ボランティアの育成・支援，連携・協働，大規模災害時に備えた広域応援協定，災害時の外国人への情報伝達手段の多言語化，多様なメディアとの連携が挙げられ，地域の取り組み事例として東京都の地域国際化推進検討委員会や自治体国際化協会の例などが紹介されている。この防災に関しては，2006年6月に始まった「多文化共生の推進に関する研究会（防災ネットワークのあり方分科会及び外国人住民への行政サービスの的確な提供のあり方分科会）」の検討を経て，2007年3月に「多文化共生の推進に関する研究会報告書2007」(http://www.soumu.go.jp/s-news/2007/070328_3.html)にまとめられている。その研究会の中で資料として，自治体国際化協会作成の「災害時多言語情報作成ツールCD-ROM」，「災害時語学サポーター育成のためのテキスト」，「災害関係用語集・表現集，参考資料」（東京外国語大学作成，2006年3月）が紹介されている。

「その他」として，より専門性の高い相談体制の整備と多文化ソーシャルワーカーなどの人材育成，留学生支援などが挙げられ，地域の取り組み事例が紹介されている。

「4.多文化共生の地域づくり」の中では，「地域社会に対する意識啓発」に関して，地域住民等に対する多文化共生の啓発，学校・図書館・公民館等の多文化共生の拠点づくり，多文化共生をテーマにした交流イベントの開催などが挙げられ，地域の取り組み事例が紹介されている。

「外国人住民の自立と社会参画」に関しては，キーパーソン・ネットワーク・自助組織等の育成，外国人住民の意見を地域の施策に反映させる仕組みの導入，外国人住民の地域社会への参画，地域社会に貢献する外国人住民の表彰制度などが挙げられ，地域の取り組み事例が紹介されている。

「5．多文化共生施策の推進体制の整備」に関しては，地方自治体における多文化共生の推進を所管とする担当部署の設置，地方自治体としての指針・計画の策定が挙げられ，実際にそのような指針を作成している地域が紹介されている。

「地域における各主体の役割分担と連携・協働」に関しては，住民に最も近く外国人住民に行政サービスを提供する市町村の役割の重要性，広域的な課題へ対応する都道府県の役割と市町村との連携，都道府県の外国人住民施策担当部局や国際交流協会等の連携・協働が挙げられ，地域の取り組み事例と都道府県・市町村・国際交流協会の役割分担の例示が紹介されている。

「国の役割，企業の役割の明確化」に関しては，国としての外国人受け入れにかかわる基本的な考え方の提示，国の責務と考えられる日本語および日本社会に関する学習機会の提供，外国人登録制度の見直しを含む外国人住民の所在情報を迅速・的確に把握するシステムの構築，外国人住民にかかわる各種制度の見直しの促進，多文化共生に関する情報提供および調査研究機能が挙げられ，企業としては企業の社会的責任の履行，企業に求められる具体的対応が挙げられている。

最後に，「今後の検討課題」が挙げられているが，それは前に述べた次の研究会に引き継がれている。

コメント

2006年の報告書で，「生活者」という用語が出てきていて，「多文化共生施策の推進体制」では，(1) 地域，(2) 国，(3) 企業の順番で対応を考えることになっている。この段階では，総務省が取り扱っていることもあり，地域施策が第一のテーマであり，「対応策」で見られるような国家レベルでの施策中心の様相とは異なっている点が注目される。この報告書は，中央官庁レ

ベルで外国人施策が総合的に検討された最初のものと言ってよいであろう。
　JET プログラムでは英語圏以外からの国際交流員も来日している。2007 年 1 月現在では中国 77 名，ブラジル 15 名，ペルー 2 名，アルゼンチン 1 名が来日しているが，具体的にどのように地域と関わっているかについては『自治体国際化フォーラム』の記事から一部うかがえる。また，2006 年段階で，外国人在留許可や延長の際の日本語能力チェックの流れの萌芽が見られることは注目すべきことと考える。防災関係については，ここでは引用されていないが，弘前大学人文学部社会言語学研究室作成の「新版・災害が起こったときに外国人を助けるためのマニュアル」(http://human.cc.hirosaki-u.ac.jp/kokugo/newmanual/top.html) がある。
　総務省は，2006 年 3 月の「多文化共生の推進に関する研究会報告書」に基づいて，同年 3 月 27 日に「地域における多文化共生推進プランについて」を通知し，各都道府県および市町村における多文化共生推進に関する指針・計画を策定するようにすすめている。そして，各地域で作られている多文化共生推進の指針・計画は，この報告書のパターンに沿って作られているものが多く，大変影響力のある報告書となっている。総務省のこの研究会には日本語教育関係者が入っていないので，結果的に多文化共生の枠組みの中では日本語教育施策については日本語教室の運営が主となり，日本語教育施策全体を視野に入れるようなものとはなっていないと考える（各地の日本語教室を運営している多文化共生センターの田村太郎氏は研究会のメンバーではある）。総務省関係で多文化共生に関する最近の情報は，総務省のホームページの「地域の国際化の推進」のサイト (http://www.soumu.go.jp/kokusai/index.html) で見ることができる。
　総務省レベルでの外国人問題に関わる研究会としては，2008 年 7 月に「新しいコミュニティのあり方に関する研究会」が発足し，その研究会の検討内容に「新住民，外国人等との共生」の 1 項が加えられているが，前に述べた研究会のメンバーとは異なっており，10 月 31 日の第 3 回より「外国人や若い世代等，自治会との関係が希薄な層に対して，どのようなアクションをとる必要があるのか」ということが話題になっているが，ここではあくまで自治会の問題としてのみとらえていて，外国人の状況把握という視点は欠けて

いる。

　総務省所管の自治体国際化協会のホームページ (http://www.clair.or.jp) では，地域の国際化の実例や『自治体国際化フォーラム』で各地の取り組みの情報を手に入れることができて有益である。また，全国市町村国際文化研修所では，多文化共生マネージャーの研修も行われている。

　ここでは，日本各地で進められている多文化共生推進の指針・計画を全て扱う余裕はないが，2007年3月に多文化共生センターが出した『多文化共生に関する自治体の取組みの現状～地方自治体における多文化共生施策調査報告書～』は全都道府県と政令市を対象に調査を行っているので，各地域の取り組み方の違いが見えてきて，大変興味深い。この報告書は(特活)多文化共生センター大阪に問い合わせれば，入手できる。

　なお，総務省自治行政局市町村課外国人台帳制度企画室では，在留外国人の情報一元的把握のため法務省と共同で新たに「外国人台帳制度に関する懇談会」を2008年4月に設けている。この懇談会は2008年3月25日閣議決定された「規制改革推進のための3か年計画(改定)」を受けて設置されているが，「多文化共生の推進に関する研究会報告書2007」の「外国人住民への行政サービスの的確な提供のあり方」もふまえている。10月16日の第8回懇談会では，3年程度の移行期間を前提とした外国人台帳制度移行のスケジュールが検討されていて，12月18日に「外国人台帳制度に関する懇談会報告書が公表されている (http://www.soumu.go.jp/s-news/2008/pdf/081218_1_all.pdf)。

　2008年12月24日発表の2009年度予算では，「定住を支える地域力の創造」の中の「(3)住民力の涵養と安心して暮らせる地域づくり」に「地方公共団体等による外国人住民に対する行政・生活情報の提供や日常生活への支援等の促進」という項目がある。

（　**文部科学省の取り組み**　）

　文部科学省では，海外子女教育，帰国・外国人児童生徒教育等に関するホームページとして「CLARINETへようこそ」(http://www.mext.go.jp/b_menu/shotou/clarinet/main7_02.htm) に外国人児童生徒のデータが載せられている。ここでは，そのウェブサイトの「外国人児童生徒の動向」という項のデータを引用する。

　図1～5でわかるように，外国人児童生徒に関する数字は上昇の一途をたどっているが，「在籍人数別市町村数」だけが減っている。その中でも，「5人未満」の市町村数が減り，「30人以上」の市町村数が増えていることをみれば，外国人児童生徒は特定の市町村に住むようになったことがわかる。

　文部科学省では，「外国人児童生徒に対する支援施策について」で2008年度は以下のような施策を行っている。

① 外国人児童生徒等に対して日本語指導を行う教員の配置

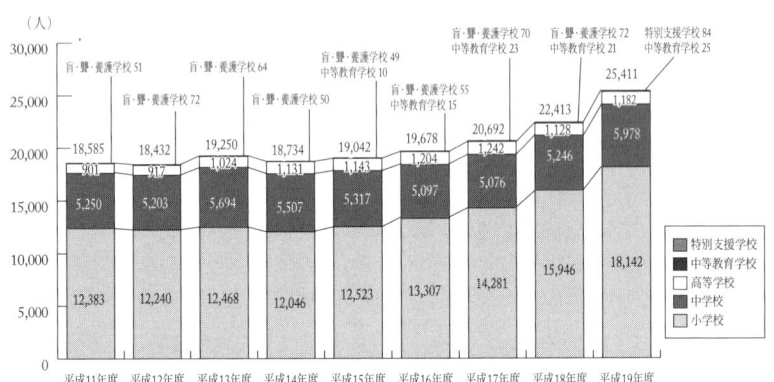

特別支援学校については，平成18年度以前においては盲・聾・養護学校であった。

図1　在籍児童生徒数

日本語指導等に対応した教員定数の特例加算により，義務教育諸学校に勤務する教員の給与費の1/3を国庫負担(2008年度積算：985人，2009年度概算要求においては50人の定数改善を要求)。

② 日本語指導者等に対する講習会の実施

外国人児童生徒教育に携わる教員や校長・教頭及び指導主事などの管理職を対象として，日本語指導法等を主な内容とした実践的な講習会を

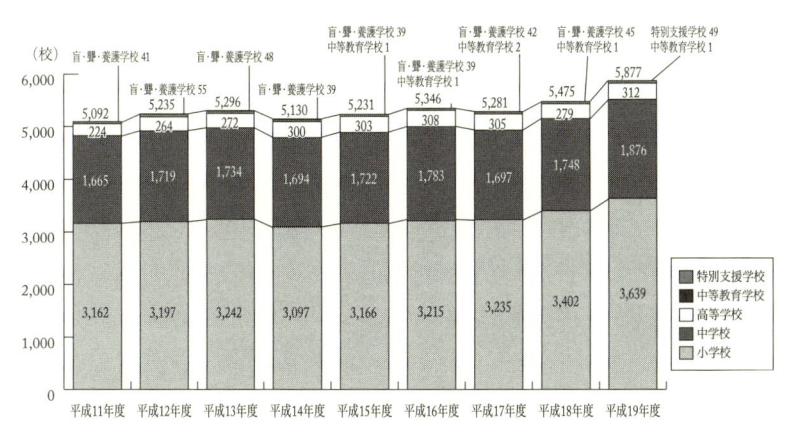

特別支援学校については，平成18年度以前においては盲・聾・養護学校であった。

図2 在籍学校数

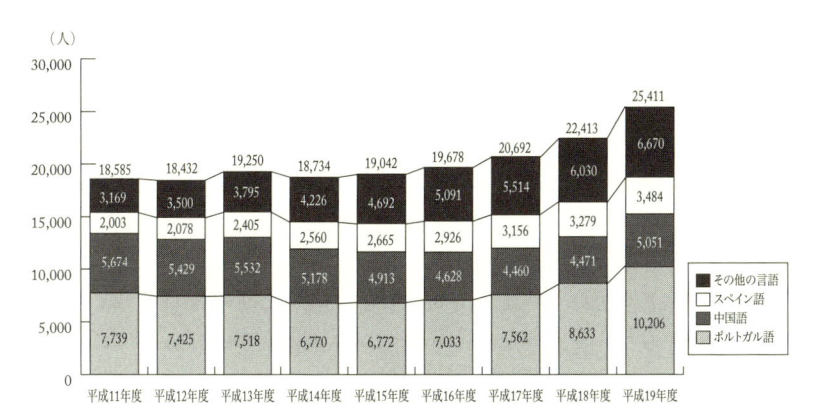

図3 母語別児童生徒数

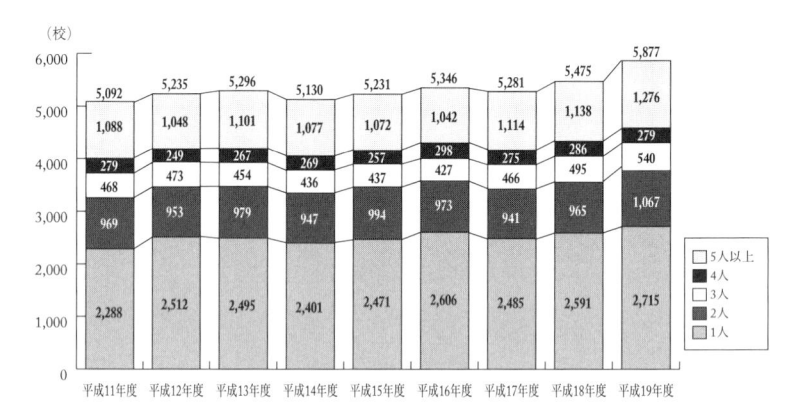

図4 在籍人数別学校数

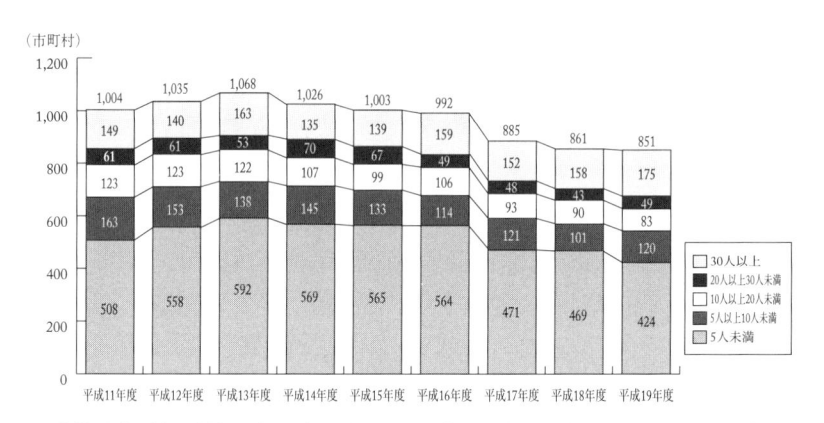

図5 在籍人数別市町村数，都道府県別母語別児童生徒数，小中学校における都道府県の施策の実施状況（単独事業），小中学校における市町村の施策の実施状況（単独事業），高校における都道府県の施策の実施状況（単独事業），高校における市町村の施策の実施状況

実施（年1回，4日間，110名程度）。

③ 就学ガイドブックの作成・配布

公立義務教育諸学校への就学の機会を逸することのないよう，日本の教育制度や就学の手続き等についてまとめた就学ガイドブック（改訂版）をポルトガル語，中国語等7言語で作成。教育委員会に配布。

「施策の概要」(http://www.mext.go.jp/a_menu/shotou/clarinet/003/001.

htm#a09) のサイトでダウンロードできる。
④　帰国・外国人児童生徒受入促進事業 (2007 年度〜)
　　帰国・外国人児童生徒の受入体制の包括的な整備を行う地域の支援体制モデルの在り方や不就学の外国人の子どもに対する就学促進に関する調査研究を実施。
【実施内容例】
　・母語のわかる指導協力者やコーディネーターの配置
　・地域内の小・中学校に対する巡回指導
　・バイリンガル相談員等の活用による, 外国人登録部局や企業と連携した就学啓発活動
　・就学前の外国人の子どもへの初期指導教室 (プレクラス) の実施
　・学校での日本語指導の補助や, 学校と保護者との連絡調整等を行う際に必要な外国語の分かる人材の配置
　(2008 年度予算額：22, 300 万円, 22 地域　2009 年度概算要求は 40,191 万円)
⑤　JSL カリキュラム実践支援事業 (2007 年度〜)
　　日本語指導について, その初期指導から教科学習につながる段階を支援する「学校教育における JSL (第二言語としての日本語) カリキュラム」の普及・促進のため,
　　・JSL カリキュラムを活用した実践事例の収集及び普及
　　・JSL カリキュラムに関するワークショップの実施
を行う (2008 年度予算：3, 500 万円)。2009 年度予算の概算要求として,「外国人児童生徒の日本語指導等の充実のための総合的な調査研究」に 1,120 万円を計上している。

　また, 文部科学省は 2005 年から 2006 年にかけて, 外国人の子どもの就学支援方策等についての調査研究を行う「不就学外国人児童生徒支援事業」の一環として, 南米出身の日系人等のいわゆる「ニューカマー」が集住する自治体に, 外国人の子どもの不就学の実態調査を委嘱した。(http://www.mext.go.jp/a_menu/shotou/clarinet/003/001/012.htm)。

都道府県	人数
北海道	69
青森県	19
岩手県	53
宮城県	96
秋田県	39
山形県	62
福島県	101
茨城県	655
栃木県	605
群馬県	962
埼玉県	1,078
千葉県	982
東京都	1,913
神奈川県	2,601
新潟県	116
富山県	302
石川県	76
福井県	99
山梨県	324
長野県	824
岐阜県	853
静岡県	2,631
愛知県	5,030
三重県	1,407
滋賀県	882
京都府	201
大阪府	1,316
兵庫県	634
奈良県	98
和歌山県	15
鳥取県	15
島根県	51
岡山県	119
広島県	489
山口県	63
徳島県	30
香川県	66
愛媛県	21
高知県	32
福岡県	221
佐賀県	12
長崎県	18
熊本県	45
大分県	43
宮崎県	31
鹿児島県	26
沖縄県	86

凡例: ポルトガル語／中国語／スペイン語／その他

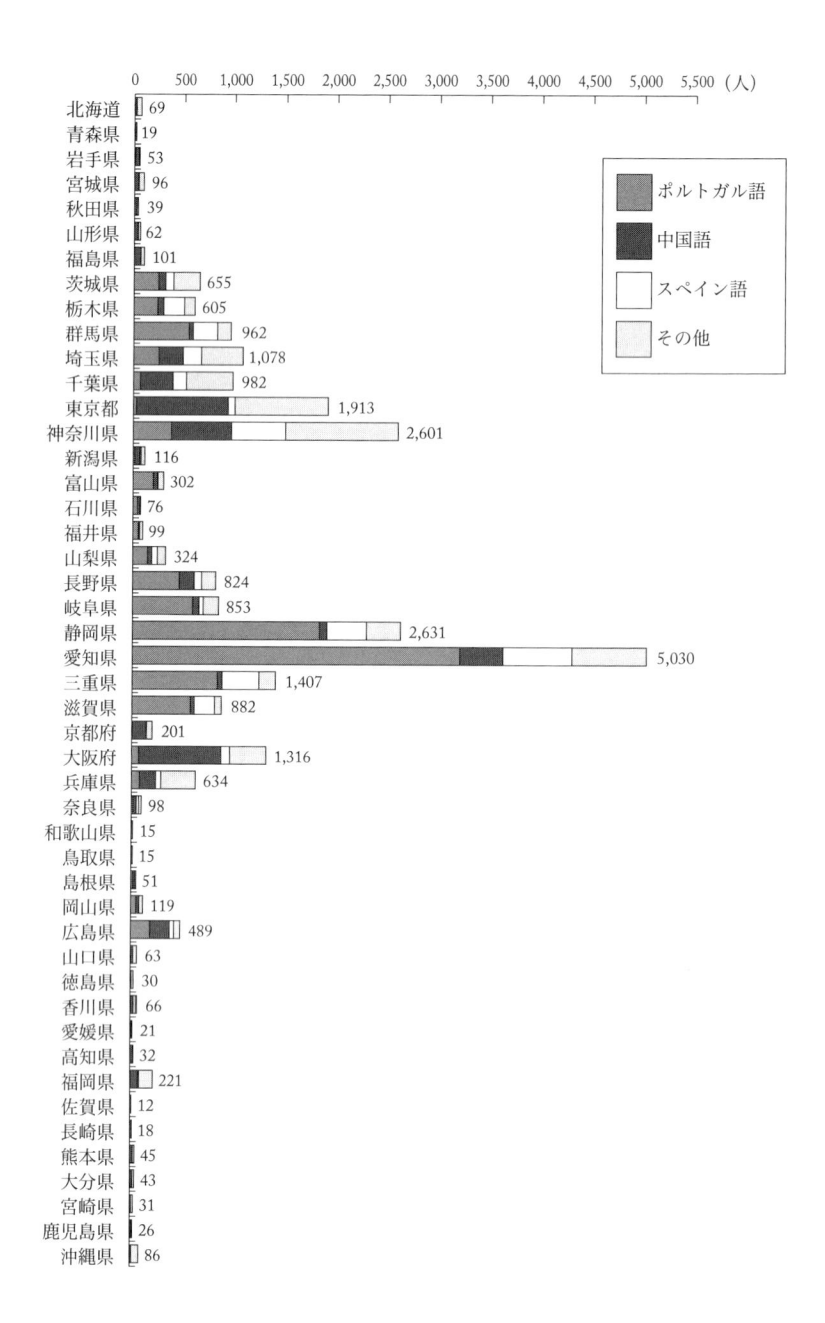

図6　都道府県別母語別児童生徒数

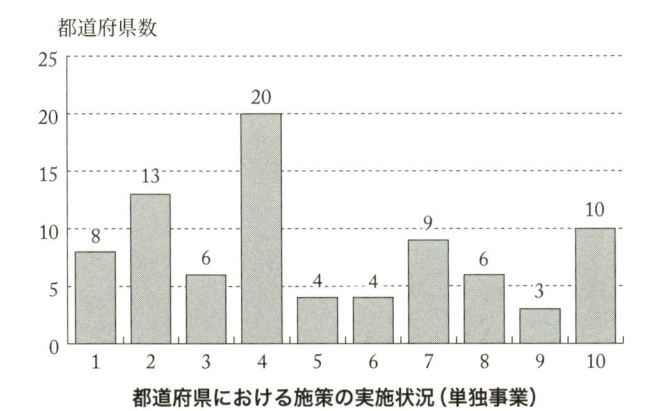

都道府県数

[棒グラフ: 1:8, 2:13, 3:6, 4:20, 5:4, 6:4, 7:9, 8:6, 9:3, 10:10]

都道府県における施策の実施状況（単独事業）

市町村数

[棒グラフ: 1:58, 2:363, 3:131, 4:93, 5:133, 6:10, 7:233, 8:118, 9:196, 10:159]

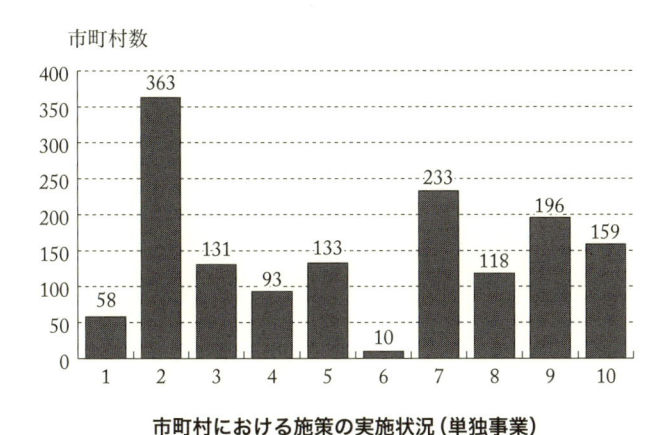

市町村における施策の実施状況（単独事業）

1. 担当教員（常勤）の配置
2. 児童生徒の母語を話せる相談員の派遣
3. 上記1, 2以外の指導協力者の配置
4. 担当教員の研修
5. 受入れに際し，特別な配慮を行っている学校の有無（拠点校，センター校など）
6. 研究協力校（地域）の指定
7. 就学・教育相談窓口の設置
8. 保護者用就学ガイドブックの作成・配付
9. 就学案内の発給
10. その他

図7　都道府県・市町村における施設の実施状況（小・中学校）

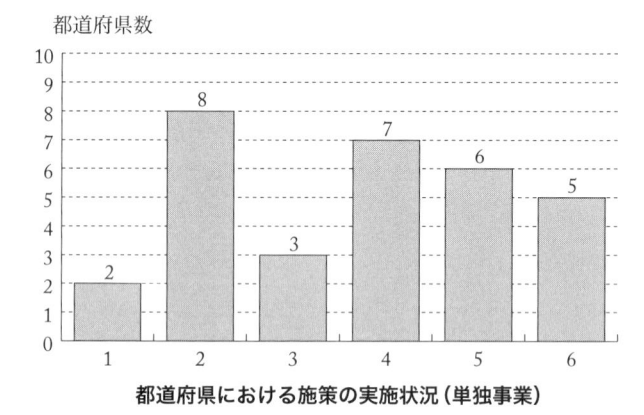

38 田尻 英三

都道府県数

1	2	3	4	5	6
2	8	3	7	6	5

都道府県における施策の実施状況（単独事業）

市町村数

1	2	3	4	5	6
2	6	1	3	8	3

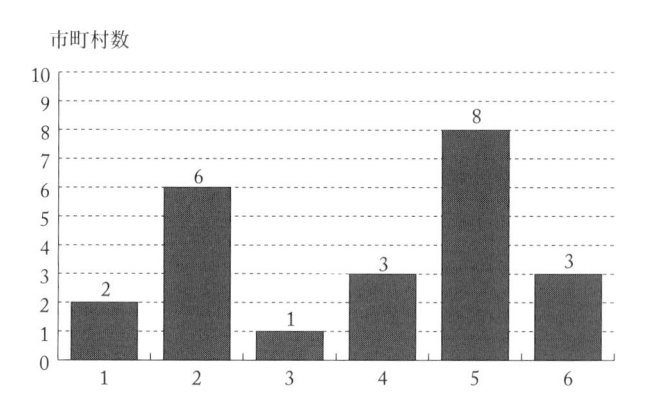

市町村における施策の実施状況（単独事業）

1. 担当教員（常勤）の配置
2. 児童生徒の母語を話せる相談員の派遣
3. 上記1，2以外の指導協力者の配置
4. 担当教員の研修
5. 就学・教育相談窓口の設置
6. その他

図8　都道府県・市町村における施設の実施状況（高等学校）

不就学の理由は以下のようにまとめられる。
　　ア　学校へ行くためのお金がないから（15.6％）
　　イ　日本語がわからないから（12.6％）
　　ウ　すぐ母国に帰るから（10.4％）

　2007年9月1日現在の「日本語指導が必要な外国人児童生徒の受入れ状況」の調査結果を図6～8で示す。これらの図では，外国人児童生徒は特定の地域に住んでいて，ブラジル人と中国人とではまとまって住んでいる地域が違うということ，傾向として，都道府県では児童生徒の母語を話せる相談員の派遣と担当教員の研修に比重がかけられ，市町村では児童生徒の母語が話せる相談員の派遣と就学・教育相談窓口の設置に比重がかけられているのがわかる。もし，日本語教育の関係者が入るとすれば「上記以外の指導協力者の配置」に分類されるのであろうが，都道府県・市町村ともにその割合は少ない。外国人児童生徒の支援は，その子供たちの母語が話せる人たちが行っているのが，学校現場の実状である。

　文部科学省初等中等教育局では，2007年7月に「初等中等教育における外国人児童生徒教育のための検討会」を設置し，2008年6月に「外国人児童生徒教育の充実方策について（報告）」（以下「充実方策」と略称）を出している。協力者は，武蔵村山第四小学校の逢坂隆氏，社団法人日本貿易会の池上久雄氏，浜松市教育委員会の石川和男氏，豊田市西保見小学校の伊藤哲也氏，社団法人日本経済団体連合会の井上洋氏，キャスターの木場弘子氏，東京学芸大学の佐藤郡衛氏，独立行政法人国際交流基金の紿田英哉氏，横浜市立港中学校の高田文芳氏，三重県教育委員会の竹郷秀樹氏，愛知淑徳大学の松本一子氏，明治大学の山脇啓造氏，群馬大学の結城恵氏，玉川大学の渡辺一雄氏である。以下にその概要を引用する。

I　外国人児童生徒の受入状況と外国人児童生徒教育の意義
1.　外国人児童生徒数の動向
　　○　公立の小・中・高等学校等に在籍する外国人児童生徒数は70,936人（2006年5月1日現在）
　　○　これらの学校に在籍する日本語指導が必要な外国人児童生徒数は

22,413人(2006年9月1日現在)で，前年度より8.3パーセント増加(母語別では，ポルトガル語8,633人，中国語4,471人，スペイン語3,279人)。
2. 外国人の子どもの就学状況

「外国人の子どもの不就学実態調査」(2005年度～2006年度にかけて1県11市に委嘱して実施)の結果からは，以下の状況が見られた。
- 調査対象者9,889人のうち，小・中学校等への就学者の割合は81.4パーセント
- 不就学が確認された者は112人(1.1パーセント)。また，転居・出国等の事情により就学状況が確認できなかった者は732人(17.5パーセント)。

3. 外国人児童生徒の教育の意義
   ○ 学校教育を通じて外国人児童生徒に我が国の社会の構成員として生活していくためにも必要となる日本語や知識・技能を習得させることが必要。
   ○ 外国人児童生徒と共に学ぶことにより，日本人児童生徒にとっても，広い視野をもって異なる文化を持つ人々と共に生きていこうとする態度が育まれること。
   ○ 外国人児童生徒に対して丁寧できめ細やかな指導を進めることにより，学校にとってもその教育活動を一層向上させ，児童生徒一人一人を大切にした教育の実現につながること。

II 外国人児童生徒教育に関する検討課題と国，地方公共団体等の役割

1. 外国人児童生徒教育に関する検討課題

「外国人の子どもに対する就学支援について」，「外国人児童生徒の適応指導や日本語指導について」等に関して，今後，概ね5年間において実施すべき施策について検討。

2. 国，地方公共団体等の役割と責任
   ○ 国は，基本的な政策の企画立案や取り扱いの方針の策定，教員の配置やモデル事業等を通じた先進的な取り組みの普及等による支援を実施。

- ○ 都道府県は，地域内における政策の企画立案や事業の実施，外国人児童生徒の指導にあたる教員等の確保と教員研修の開催等を実施。
- ○ 市町村は，外国人を受け入れる学校の管理運営に携わるとともに，外国人の就学相談などの就学促進活動や学校への支援員の配置等を実施。
- ○ 外国人労働力を活用する地域の企業や経済団体は，社会貢献活動の一環として，外国人学校への備品や教材の寄付，インターンシップ制の受け入れ等を通じたキャリア教育への協力，教育支援のための基金の創設などの支援を実施。

III　外国人の子どもに対する就学支援について

(1) 外国人の子どもの就学状況に関する調査の実施

　　国は，一部地域を対象とした抽出調査により定期的かつ継続的に，外国人の子どもの就学状況に関する調査を実施。

(2) 外国人に対する就学案内や就学相談の実施

　　市町村においては，就学ガイドブックの作成・配布や，外国語の話せる相談員を配置し，外国語による就学案内，教育関連情報の的確な提供を推進。

(3) 関係機関・団体の連携による就学促進活動の実施

- ○ 市町村の外国人登録の担当部署と教育委員会の就学事務の担当部署の連携による外国人登録情報の共有や就学案内の実施。
- ○ 地域のNPOやボランティア団体，児童相談所等の関係機関，スクール・ソーシャルワーカー等と連携・協力した就学相談や就学案内の実施。

(4) 拠点校方式による受け入れ等

　　外国人児童生徒の分散的な受け入れの場合への対応として，地域に拠点校・センター校を設け，外国人児童生徒を通学させたり，外国人児童生徒担当教員や指導補助員を重点的に配置し，近隣にある学校に巡回指導を行う等を推進。

(5) 進学・転校等の場合の学校間の連携

　　国は，外国人学校に通う外国人の子どもが小・中学校への進学を希望

する場合の柔軟な取り扱いを検討するとともに，高等学校への進学を希望する場合における中学校卒業程度認定試験の制度の十分な周知が必要。

IV　外国人児童生徒の適応指導や日本語指導について

(1)　指導内容・方法の改善・充実

①　学校入学前の初期指導教室の開催

外国人児童生徒の学校生活への円滑な適応や，外国人の子どもの就学促進の観点から効果的であり，その普及を促進。

②　JSL カリキュラムの普及・定着

国，都道府県においては，各種研修の機会において外国人児童生徒の指導を担当する教員や指導主事等を対象に，JSL カリキュラムを用いた実践的な指導力を育成。また，学校等に適切な授業実践の事例を情報提供。

③　日本語能力の測定方法及び体系的な日本語指導のガイドラインの研究

国は，学校において活用可能な外国人児童生徒の日本語能力の測定と学習への反映方法や体系的かつ総合的な日本語指導のガイドラインを開発。

(2)　学校における指導体制の構築

学校においては，校務分掌の中に外国人児童生徒教育を位置づけるなど，全校的な指導組織の整備を図ることが必要。

(3)　外国人児童生徒の指導にあたる教員や支援員等の養成・確保

①　外国人児童生徒の指導にあたる教員や支援員等の配置の推進

国は，日本語指導に対応した教員の加配措置について必要な定数を改善するとともに，都道府県は，その必要性に応じ，これらの教員の学校への配置を推進。また，都道府県や市町村は，外国人児童生徒の支援員の配置を推進するとともに，国はその取り組みを支援。

②　外国人児童生徒の指導にあたる教員や支援員等の人材の養成・確保

・　教員養成系大学等は，地域の必要性に応じ，教職課程に在籍する学生等が日本語教育や国際理解教育を履修すること

を促進。
- 都道府県・市町村は，地域の必要性に応じ，外国人児童生徒の日本語指導等にあたる教員や支援員の採用，確保等にあたり，日本語教育や国際理解教育等に関する知識・経験等を考慮。
- 国は，教員研修に関するモデル事業を実施し，研修マニュアルの開発や研修事例の情報提供などの支援を実施。
- 国・都道府県は，校長，教頭，教育委員会の指導主事等の中核的な教職員を対象とした研修を充実。
- 都道府県・市町村は，地域の必要性に応じ，教員に対する日本語指導等に関する専門的な研修の実施や，現職教員のための様々な研修の機会に外国人児童生徒に対する日本語指導等に関する内容を考慮。
- 都道府県・市町村は，地域の必要性に応じつつ，支援員等の資質向上を図るため日本語指導等に関する研修を実施。
- 都道府県等は，外国人児童生徒の受け入れ校に，経験豊富な管理職や教員を配置したり，在外教育施設教員派遣制度等による海外派遣経験のある教員を配置。
- 国においては，外国人児童生徒を対象とした日本語指導の能力に関する資格・認定制度の在り方を調査研究。

(4) 外国人児童生徒の進路指導や生徒指導等の諸問題への対応

① 進路指導の充実等
- 市町村は，外国人生徒や保護者を対象に合同の進路説明会を開催。
- 都道府県は，高等学校入学者選抜において，外国人生徒を対象とした特別定員枠の設定や受験科目数の軽減等の配慮措置を実施。

② 生徒指導上の諸問題への対応

国は，いじめ，不登校等の生徒指導上の諸問題や，LDやADHD等の問題への対応として，母国語が使える支援員の活用

などによる効果的な対処方法に関する調査研究を行い，その事例を情報提供。

V　地域における外国人児童生徒等の教育の推進

市町村においては，次のような地域の教育力を活用した取り組みを推進。

- ○ 学校や地域のボランティア団体と連携しながら，外国人児童生徒も含めた放課後等の日本語指導や学習支援等のための居場所づくりを推進。
- ○ 地域住民や NPO やボランティア団体，大学等の教育機関，企業と学校との連携協力による外国人児童生徒教育等を含む学校支援体制の構築。
- ○ 外国人の保護者や外国人学校在籍者等地域の外国人を対象とした地域の日本語教育の取り組みを推進。

参考資料として「外国人の生活環境適応加速プログラム」が挙げられ，2008 年度の予算額 412 百万円 (前年度 337 百万円) が示されている。その内訳は次のとおりである (一部は前に引用)。

- ○ 外国人児童生徒の母国政府との協議会等の運営　6 百万円
- ○ 「生活者としての外国人」のための日本語教育事業　148 百万円【拡充】
- ○ 帰国・外国人児童生徒受け入れ促進事業　223 百万円【拡充】
- ○ JSL カリキュラム実践支援事業　35 百万円

参考資料には，ほかに「外国人の子どもの公立義務教育諸学校への受入について」や「各種会議における外国人児童生徒に関わる提言の抜粋」なども収められている。2009 年度予算の概算要求については，文部科学省大臣官房国際課国際統括官が扱っている箇所に「外国人の生活環境適応加速プログラム」の内容が詳しく書かれている (http://www.mext.go.jp/b_menu/houdou/20/09/08082905/002.pdf)。そこでは，「帰国・外国人児童生徒受入促進事業」(学校と保護者との連絡調整等を行う際に必要な外国語のわかる人材の配置などの施策を含む) として昨年度の 22300 万円が拡充されて 402 百万円となっている。「『生活者としての外国人』のための日本語教育事業」

も実施箇所を22箇所から26箇所に増やすとして，昨年度の14800万円が16900万円に拡充されている。ブラジル人学校を扱う「調査研究委託」も件数が2件から5件へ増やすとして，昨年度の600万円が5000万円に拡充されている。新規事業として，「外国人児童生徒の日本語指導等充実のための総合的な調査研究」が1100万円計上されている。その中身は，「適応指導・日本語指導に関する体系的。総合的なガイドラインや，外国人児童生徒の日本語能力の測定方法，現職教員等を対象とした実践的な研修マニュアルの開発に関する調査研究を実施する」となっている。「外国人児童生徒の母国政府との協議会等運営事業」は，昨年度と同様の600万円が計上されている。「義務教育費国庫負担金」の中で，「教職員定数の改善」として「外国人児童生徒への日本語指導の充実　50人」も挙げられている。

このような施策に対する具体的な実践例は，文部科学省の「CLARINETへようこそ　海外子女教育，帰国，外国人児童生徒教育等に関するホームページ」(http://www.mext.go.jp//a_menu/shotou/clarinet/main7_a2.htm) に詳しく出ている。ここで挙げられている調査研究のうち，「帰国・外国人児童生徒教育支援体制モデル事業」や「不就学外国人児童生徒支援事業」は2006年度で終わっており，2007年度からは前に述べた「帰国・外国人児童生徒受入促進事業」や「JSLカリキュラム実践支援事業」などが始まっている。

2008年度の「帰国・外国人児童生徒受入促進事業指定地域センター校一覧」には，全国22の地域名や小中学校名が挙げられている。

2008年度の「JSLカリキュラム実践支援事業委嘱地域」には，全国の12の市町村名と1団体名(東京学芸大学)が挙げられている。この事業に関連して，ワークショップも開かれていて，「詳細一覧」には，12の取り組みが挙げられているが，講演者名などが示されているのは，東京学芸大学と大阪府の取り組みだけである。また，独立行政法人教員研修センターでは，「外国人児童生徒等に対する日本語指導指導者養成研修が行われていて，2008年度は管理者用コースに50名，日本語指導者用コースに82名の計132名が参加している。

文部科学省が関係している施策としては留学生30万人計画があるが，これはあとで他の外国人政策との関連でふれることにする。

　なお，外国人学校については『日本の中の外国人学校』(月刊『イオ』編集部編，明石書店，2006)に詳しいが，現在文部科学省大臣官房国際課で扱われていて，ブラジル系の外国人学校の認定増加の方向で動いている。朝鮮学校について，2008年現在大きな動きはない。朴三石著の『外国人学校』(中公新書)にも外国人学校の実態が描かれている。

コメント

　文部科学省の施策においても，2007年度から変更があったことがわかる。文部科学省の外国人施策の中心は，外国人児童生徒の問題である。2007年度の調査結果により，在籍児童生徒数も在籍学校数も増えていて，しかも在籍数1～3人の学校が増えているにもかかわらず在籍人数別市町村数では減っていることにより，外国人児童生徒がいくつかの市町村に集中して住んでいるのがわかる。さらに，都道府県別母語別児童生徒数を見ると，明らかに都道府県によって外国人児童生徒の母語の割合が違うこともわかる。このことからもわかるように，外国人児童生徒への施策は都道府県・市町村レベルでのきめ細かい施策が必要であることが明瞭である。それに対して，「充実方策」では国→都道府県→市町村へと方針の策定→実施という方向で動いていることは気になる。しかも，この流れは文化庁の第10回日本語教育小委員会での「地域における日本語教育の体制整備について」がほぼ同じ方向を目指していて，会議の時期や「充実方策」の発表時期(08年6月)もほとんど同じという点が気になる。この時期に外国人施策の方向がボトムアップからトップダウンへと変わったということであろうか。

　「充実方策」では，日本語教育の必要性が説かれているが，それを決めた検討会には現在指導的立場にいる日本語教育関係者は入っていない(松本一子氏だけは日本語教育学会員である)。JSLの小学校編や中学校編でもそのカリキュラム開発には中国帰国者定着促進センターの池上摩希子氏(現早稲田大学)，独立行政法人国立国語研究所の石井恵理子氏(現東京女子大学)，

東京外国語大学の伊藤祐郎氏，財団法人波多野ファミリースクールの大蔵守久氏，筑波大学の岡崎敏雄氏（小学校編のみ），早稲田大学の川上郁雄氏，東京学芸大学の斎藤ひろみ氏，社団法人国際日本語普及協会の関口明子氏（小学校編のみ）などが入っていて，それなりに日本語教育関係者の意見も取り入れられたと思われるが，その実施方法を決める検討会には全く入っていないのはどうしてであろうか。当初JSLカリキュラムの開発に関わった日本語教育関係者は，今何を考えているのであろうか。現在進められているJSLカリキュラムの普及・定着に関わっている日本語教育関係者は少ない。このような方針は，いつごろから考えられたのであろうか。すでに2004年9月には第1回の「初等中等教育における国際教育推進検討会」が文部科学省初等中等教育局国際教育課のもとに開かれている。そして，2005年8月には「初等中等教育における国際教育推進検討会報告〜国際社会を生きる人材を育成するために〜」が出ていて，そこには「日本語指導等の充実」という項が加わっているのである。この情報を当時の日本語教育関係者は，どれほど共有していたのであろうか。

　この「充実方策」の中で，今後の日本語教育政策に大きな影響を与えそうな主たる点を列挙する。まず，「日本語能力の測定方法及び体系的な日本語指導のガイドラインの研究」であるが，学校現場で外国人児童生徒の具体的な日本語力測定方法が強く求められていることは田尻も理解しているが，その開発のためにも日本語教育関係者と現場の教員との共同作業がぜひとも必要と考えている。学校側が受け入れ態勢を作っていただくことも必要だが，大学などで日本語教育に従事している人たちも本人自身が積極的に現場に入っていくことも絶対に必要である。実際に，2009年度予算の概算要求に新規事業として「外国人児童生徒の日本語指導等充実のための総合的な調査研究」の経費が計上されている。日本語教育関係者が考えている以上に，事態は早いスピードで進んでいる。この調査研究に日本語教育関係者が関わるならば，その人はぜひとも研究経過を順次公開してほしい。次に，「教員養成系大学」で教職課程に「日本語教育や国際理解教育を履修すること」とあるが，現在日本語教育の世界では教員養成系の大学での部分的な知識しての日本語教育の単位はどうあるべきかという議論はほとんどないと理解してい

る。外国人集住都市会議からも同様の希望が出ているので，早急に日本語教育関係者が議論すべきテーマである。これに関連して，都道府県・市町村は「日本語指導等にあたる教員や指導員の採用」にあたり，「日本語教育や国際理解教育等に関する知識・経験」を「考慮」とあるが，これも同様で，どの程度の日本語教育に関する知識や経験があれば採用に有利かという判断をくだす資料が，日本語教育の側には揃っていない。教員採用に関係するだけに慎重に検討してほしい。特に，日本語教育の経験という実績は，学校教育における履歴にはそぐわないものが多いのである。「国においては，外国人児童生徒を対象とした日本語指導の能力に関する資格・認定制度の在り方を調査研究」という点も，気になる点である。今後「国」において日本語指導の資格認定をどのようにするのかという調査研究が行われるというのであるが，ぜひともその検討会には日本語教育関係者を入れてほしい。また，日本語教育学会自体も積極的にこれについても発言をすることが必要だと考えている。

　なお，高校の外国人生徒については、『高校を生きるニューカマー』(志水宏吉編著、明石書店、2008) がある。『自治体国際化フォーラム』229号 (財団法人自治体国際化協会，2008年11月) に「外国人児童生徒への教育支援の取組み」の特集がある。

文化庁の施策の取り組み

　文化庁のホームページの「国語施策・日本語教育」を開くと「概要，国語に関する世論調査，美しく豊かな言葉の普及，日本語教育，文化審議会国語分科会，国語審議会，独立行政法人国立国語研究所，日本語教育実態調査等」項目があり，このうち，「日本語教育，日本語教育実態調査等」の項に日本語教育関連の多くのデータが示されている。

　2008年11月段階では，「日本語教育実態調査等」のサイトで2007年度の「国内の日本語教育の概要」を見ることができる。そこには，以下の項目が列挙されている。

・凡例
Ⅰ　外国人に対する日本語教育の現状について
　1　概観（図1）
　2　機関・施設数等について
　3　教師数について
　4　学習者数について
　5　総表
　6　内訳図表
　　・日本語教育実施機関・施設等数の推移（図2）
　　・日本語教師数の推移（図3）
　　・日本語学習者数の推移（図4）
　　・都道府県別日本語教育機関・施設等数，教師数，学習者数
　　・日本語学習者出身地域別割合
　　・日本語学習者数（国・地域別）（上位20か国）（表1）
Ⅱ　日本語教師養成・研修の現状について
　1　概観

2　機関・施設等数について
3　日本語教師養成担当の教師数について
4　受講者数について
5　総表
6　内訳図表
・日本語教師養成実施機関・施設等数の推移
・設置者別による日本語教師養成担当の教師数の推移
・職務別による日本語教師養成担当の教師数の推移
・学習者数の推移
・都道府県別日本語教師養成・研修機関・施設等数，日本語教師養成担当の教師数，受講者数
・受講者数（国・地域別）（上位20か国）

		機関・施設等数	教師数	学習者数
大学等機関	大学院	40	157	1,336
	大学	431	4,490	38,129
	短期大学	85	265	1,381
	高等専門学校	53	108	283
小計		609	5,020	41,129
一般の施設・団体		1,192	26,214	122,541
合計		1,801	31,234	163,670

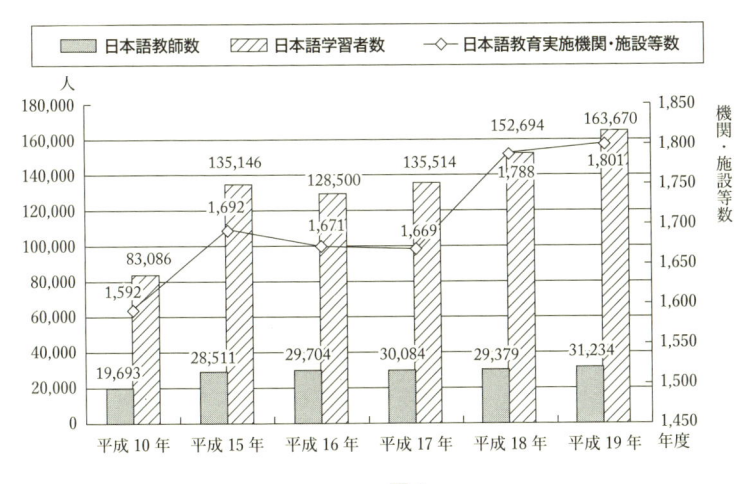

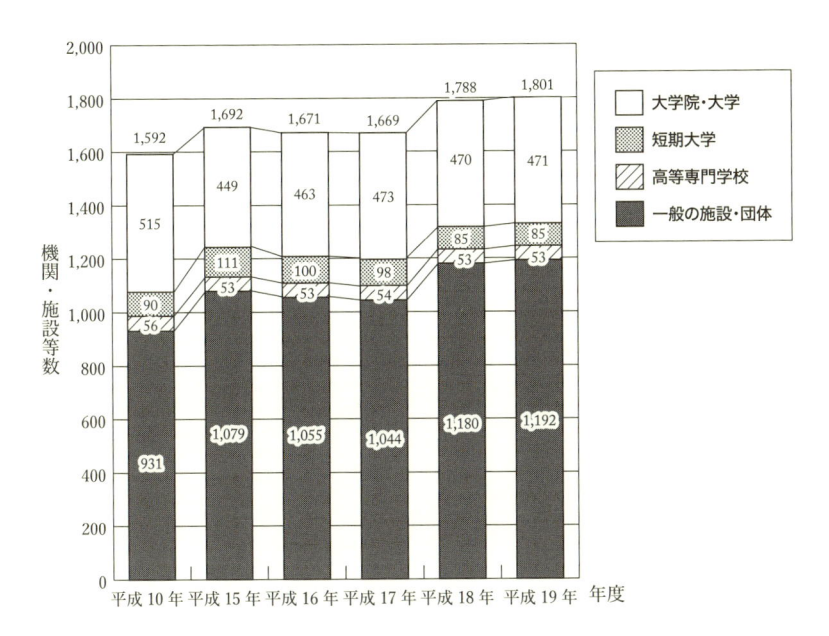

文化庁の施策の取り組み　51

凡例: 日本語教師数　日本語学習者数　日本語教育実施機関・施設等数

年度	日本語教師数	日本語学習者数	機関・施設等数
平成10年	19,693	83,086	1,592
平成15年	28,511	135,146	1,692
平成16年	29,704	128,500	1,671
平成17年	30,084	135,514	1,669
平成18年	29,379	152,694	1,788
平成19年	31,234	163,670	1,801

図1

凡例: 大学院・大学　短期大学　高等専門学校　一般の施設・団体

年度	大学院・大学	短期大学	高等専門学校	一般の施設・団体	計
平成10年	515	90	56	931	1,592
平成15年	449	111	53	1,079	1,692
平成16年	463	100	53	1,055	1,671
平成17年	473	98	54	1,044	1,669
平成18年	470	85	53	1,180	1,788
平成19年	471	85	53	1,192	1,801

図2

52 田尻 英三

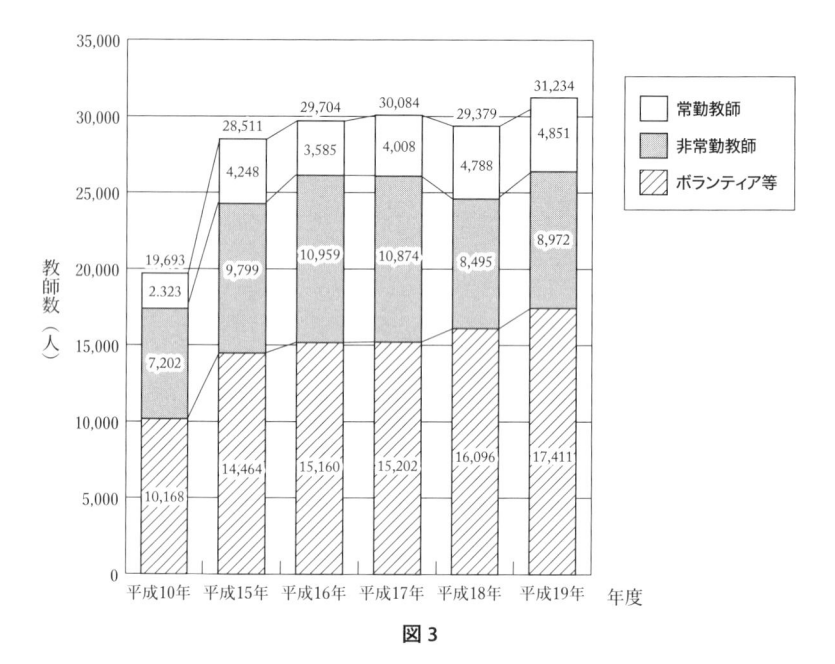

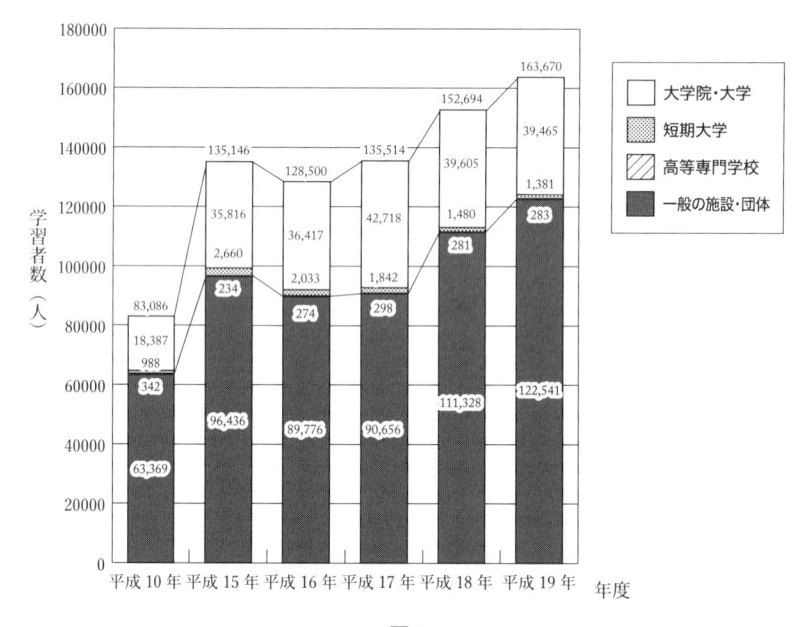

図3

図4

表1

国・地域名	大学等機関	一般の施設・団体	学習者数
中華人民共和国	23,415	42,158	65,573
大韓民国	4,868	15,960	20,828
アメリカ合衆国	1,835	4,239	6,074
ブラジル連邦共和国	151	5,780	5,931
台湾	1,262	4,076	5,338
ベトナム社会主義共和国	753	3,771	4,524
フィリピン共和国	207	3,970	4,177
インドネシア共和国	498	3,252	3,750
タイ王国	707	2,663	3,370
日本国	524	1,333	1,857
インド	138	1,374	1,512
グレートブリテン及び北アイルランド連合王国（英国）	264	1,153	1,417
ペルー共和国	45	1,257	1,302
マレーシア	664	599	1,263
ネパール	242	834	1,076
ドイツ連邦共和国	413	622	1,035
オーストラリア連邦	229	805	1,034
カナダ	226	767	993
フランス共和国	387	489	876
バングラデシュ人民共和国	232	619	851

「日本語教育」の項には，以下のものが列記されている。

・地域日本語教育活動の充実
・「生活者としての外国人」のための日本語教育事業
・地域日本語教育支援事業
・文化庁日本語教育大会
・外国人等に対する日本語教育の推進
・今後の日本語教育施策の推進に関する調査研究
・難民に対する日本語教育
・中国帰国者に対する日本語教育
・日本語教育指導方法の改善

・日本語教育支援総合ネットワーク・システムの構築
　　日本語教育支援総合ネットワーク・システム
・日本語能力試験・日本語教育能力検定試験
・日本語教育関係団体一覧

　これらの数字は，現段階では全て右肩上がりを示している。これらの施策うち，現在は継続されていないものも含まれているので，以下では現在またはここ数年進められていく施策についてのみ扱うこととする。

　「『生活者としての外国人』のための日本語教育事業」には，「日系人等を活用した日本語教室の設置運営，退職教員を対象とした日本語指導者養成，日本語能力を有する外国人を対象とした日本語指導者養成，ボランティアを対象とした実践的長期研修，外国人に対する実践的な日本語教育の研究開発」の五つの柱がある。なお，2008年度は，「外国人に対する実践的な日本語教育の研究開発」以外は，2次募集が行なわれ，「日系人等を活用した日本語教室の設置運営」と「退職教員を対象とした日本語指導者養成」は3次募集まで行われている。これらの委託事業は「選考基準」によると，「『生活者としての外国人』のための日本語教育事業企画・評価会議」で書類選考を経て合議のうえ採択されるという。各々の「事業内容に関する評価」では，これらの事業を進めるうえでの評価ポイントが挙げられている。このうち，「外国人に対する実践的な日本語教育の研究開発」では，「①日常生活に必要となる実践的な日本語能力（日本語能力試験3級合格程度）の習得を目的とした，カリキュラム等の内容が目指されていること。②日系人等の外国人労働者の勤務形態等を十分に踏まえた，カリキュラム等の内容が目指されていること。」の二つの条件が示されている。

　日本語教育政策史上特記すべきことは，文化庁国語分科会の中に「日本語教育小委員会」が設置されることが国語分科会で承認され，2007年7月25日に第1回の委員会が開かれたことである。この委員会は，社団法人国際日本語普及協会の岩見宮子氏，名古屋外国語大学の尾﨑明人氏（現日本語教育学会会長），東京学芸大学の佐藤郡衛氏，国立国語研究所の杉戸清樹氏（現所長），財団法人国際文化フォーラムの中野佳代子氏，東京女子大学の西原鈴子氏（前日本語教育学会長），法政大学の山田泉氏で構成されている。た

だ，この委員会には，上部委員会の国語分科会の委員も出席できるようで，議事録には日本テレビ報道局の井田由美氏・京都橘大学の甲斐睦朗氏・歌舞伎俳優の市川團十郎氏の発言がある。ちなみに，この日本語教育小委員会のメンバーは国語分科会にも出席していて，35回（07年7月25日）・36回（07年12月10日）・37回（08年1月28日，この回では国立国語研究所移管の件が話題になっている）・38回（08年3月19日）の国語分科会では日本語教育小委員会の審議が話題になっている。この議事録も注目しておく必要がある。

　08年3月の第7回からは，新しい委員として社団法人日本経済団体連合会の井上洋氏，株式会社インターカルト日本語学校の加藤早苗氏，愛知県地域振興部の中神優氏，独立行政法人国際交流基金参与の西澤良之氏が加わっていて，当然ながらそれまでの委員会とは性格が変わってきていると理解できる。第1回目の資料に「日本語教育の現状と課題」や「日本語教育関係機関」（横軸に教育，試験，研究，指導者養成，縦軸に留学生・就学生，定住外国人（配偶者・労働者），ビジネスマン等，難民・帰国者・技術研修生，海外の学習者が配された図があり，第2回目の同図に財団法人国際文化フォーラムが加わっている）などの興味深いものが付されている。2008年1月に報告書の取りまとめがなされることが「検討スケジュール（案）」に記されている。文化庁の資料には，「日本語教育に関する各種の提言」や「日本語教育に関する主な事業の概要と予算額」なども公開されている。他の回でも，新宿区立しんじゅく多文化共生プラザや財団法人浜松国際交流協会などの有用な資料が公開されているので，日本語教育関係者はこれらの資料をもっと利用すべきと考える。

　07年12月6日の第5回委員会では，「文化審議会国語分科会日本語教育小委員会報告書（案）〜日本語教育について今後取り組むべき課題〜」（以下「骨子（案）」と略称）として以下の項目が挙げられている。

　Ⅰ．多文化社会における日本語と日本語教育
　　1．国内に在住する外国人の現状について
　　2．これからの社会における日本語と日本語教育の在り方について
　　　（1）多様性に対する理解の促進と相互尊重のコミュニケーション

（２）　多文化社会に対応した日本語教育
Ⅱ．これまでの日本語教育施策と評価
　1．文化審議会においてこれまで議論された日本語教育の課題について
　2．審議された課題に対する取組とその成果
Ⅲ．今後取組むべき課題
　1．教育内容
　2．体制整備
　3．連携・協力

このほか,「日本語教育の現状と課題」という図には,「検討課題」として「対象別の日本語教育の在り方」や「他の政策との連携の強化　(ア)入国管理，多文化共生(イ)外国人高度人材受け入れ促進施策(ウ)初等中等教育(エ)高等教育(オ)観光」などが挙げられている。

　第6回(08年1月21日)の配布資料として公開されている「今期の審議のまとめ(案)〜日本語教育における今後検討すべき課題について〜」(以下「まとめ(案)」と略称)は，前に述べた「骨子(案)」とは，かなり違ったものになっている。詳しくはもとの資料にあたっていただきたいが，ここでは大きく変わった点を述べておく。「1．国内に在住する外国人の現状について」では，在住外国人の国籍や在留資格にふれている。「2．社会参加と日本語」は新しく加えられた項目であり，「外国人の我が国における社会参加が促進されるよう，相互理解や社会統合のための共通語としての日本語の教育を考える必要がある。」という表現が加えられている。「多文化共生社会」という表現は使わずに，「社会統合」のために「日本語の教育」を位置づけている点は注目すべきと考える。「骨子(案)」では，日本語教育施策全般に言及していたが，「まとめ(案)」では，文化庁の日本語教育施策が詳しく述べられている。また,「まとめ(案)」では,「Ⅲ．今後検討すべき課題」の「1．内容の改善」の中に「地域における日本語教育の専門性と内容の明確化」と「コーディネーターの養成」が新たに加えられている。「2．体制の整備」では，「広域的な日本語教育ネットワークの中心となる日本語教育拠点を人材と情報のリソースセンターとして形成していくことが必要である」という文が新たに加えられている。「3．連携協力の推進」でも，「地域における日本

語教育においては単なる語学学習にとどまらず，地域に暮らす外国人が，医療・福祉・安全・教育・就労・税金等の様々な分野に関する知識を併せて習得できるように，日本語教育以外の関係者との連携をとった教育体制の整備が必要」と書かれている。日本語教育は「単なる語学学習」なのだろうかという揚げ足取りはさておいて，この報告の変更点は大いに気になるところである。

　第7回（08年3月28日）からは，新たに4名の委員が加わっている。この回では資料として「日本語教育小委員会の議事の公開について（案）」や「文化審議会国語分科会の議事の公開について（案）」が配布されている。2009年1月3日現在，第12回までの議事録が公開されているが，2009年1月の国語分科会総会に出される予定の報告書のほうが，先に公開されて，議事録の公開があとになることが予想されて残念である。

　第8回（08年4月24日）では，「地域における日本語教育の体制整備に係る論点（案）」が配布されている。

　第9回（08年5月26日）では，「第8回日本語教育小委員会での主な意見」として，「県レベルで日本に定住する成人外国人に対する日本語教育を進めるためには，日本語を勉強せざるを得ないインセンティブが必要。また，自治体や企業など，現場に示す標準的なカリキュラムを指導法も含めて国で決めてほしい」とか，「日本語能力試験が移民政策という観点で定住者に対する能力判定基準となるのか，議論しなければならない」とか，「コーディネーターの設置が，本報告（中間報告）における我々の主たる目標となるであろう」などの注目すべき発言が出てきている。そのような意見を踏まえてのことだろうか，「地域における日本語教育の体制整備に係る主な論点―ディスカッションペーパー―」が配布され，その中には「各機関の役割分担と連携」として，国・都道府県・市町村・日本語学校や大学など・ボランティアという縦割りの役割分担が示されていて，「地域の日本語教育で必要とされる人材および機関とその役割」では日本語教育コーディネーターに問題点が絞り込まれている。

　第10回（08年6月26日）では，「地域における日本語教育の体制整備について」がより詳しく扱われている。そこでは，国は「生活者としての外国

人に対する日本語教育の標準的な内容及び，日本語教育の体制整備に係る指針を示」し，「日本に定住する成人外国人の日本語学習を促進するために，何らかのインセンティブを示す必要がある」としている。都道府県は「国の示す日本語教育の標準的な内容の指針を参考に地域の実情に応じた日本語教育の内容を編成」し，市町村は「地域の実情に応じて編成された日本語教育の内容を，現場の実情に沿って具体的に実施していく」としている。地域の日本語教育で必要とされる人材については「都道府県・市町村においても日本語教育のコーディネートを行うことができる専従職員が位置付けられていることが重要で，それは，行政機関の政策担当者であることが望ましい」とされ，「体制のコーディネートは，行政職が担うべき役割で，内容面のコーディネートには，日本語教育の知識，能力，経験を有する専門人材が担うべき役割」としている。

　第11回（08年7月18日）では，「地域における日本語教育の体制整備について（案）」が配布されている。ここでは「現在喫緊の課題となっているのは，地域社会の一員として外国人が社会参加するのに必要な日本語学習の支援であり」，そのためにまず「体制の整備」を検討するとなっている。なお，以下で「国」とあるのは，「基本的には文化庁のことを指している」という説明がある。第10回に示した内容を具体的に示した点だけを挙げると，国の役割としては「地域の指導者に適切に指導助言できる『指導者の指導者』を養成する必要」であり，「外国人の日本語学習の動機付けとなる奨励措置を検討し，提示することが期待される」ことであるとしている。「各機関の連携協力の在り方」では，「年少者の日本語習得は，教員だけでなく，専門家や地域のボランティアによる支援が重要であり，地域における日本語教育機関・団体と連携協力が必要」で，さらには「一般市民の参加も必要」とされる。「地域の日本語教育で必要とされる機関及び人材とその役割」では，国の示した指針は「あくまでも指針であって，現場にそのまま適用できるものではない」ので，「その調整を行うコーディネート機能を有する機関及び人材が必要」とされる。その人材の役割は「ボランティアにのみ依存した日本語教育の現状を改善し，日本語教育の質的向上を支援する」ことで，「都道府県及び市町村においては，日本語教育のコーディネート機能を自治

体等の本来の業務と位置付け，それに要する人材をできる限り常勤職員として配置することが重要」としている。第12回（08年10月2日）では「『生活者としての外国人』に対する日本語教育の目標（案）」として「日本語が主たるコミュニケーション手段となっている我が国において外国人が地域で意思疎通を図り，生活できるよう」以下の三つの目標を掲げている。

- 健康かつ安全に生活するために必要な日本語
- 自立して文化的な生活を送るために必要な日本語
- 地域住民との相互理解を図りながら，一住民として生活するために必要な日本語

第13回（08年10月27日）では「『生活者としての外国人』に対する日本語教育の目標」が，一部変更され「聞き取り調査」の結果が示されるとともに，「『生活者としての外国人』に必要な日本語の位置づけ（イメージ）」が掲げられ，「就労にかかわる日本語コミュニケーション能力」が項目として挙げられている。第14回（08年11月27日）では，「『生活者としての外国人』に対する日本語教育の内容」が掲げられ，大目的として5項目が挙げられているが，第15回（08年12月15日）では，同じ表が大分類10項が挙げられ，「働く」や「社会の一員となる」という項目が，付加されたことは注目に値する。また，検討すべき課題も多く「今期」だけでは「教育内容を精査するのは，時間的に不可能である」としている。

コメント

　ようやくここまで来たか，という思いを強くした。日本国内の日本語教育については，JSLを除いてトータルに関わっているのは文化庁なので，地域ボランティア活動を中心にした施策が出揃った感じである。ただ，この施策はこれからも続くので，改良点があればそれを積極的に取り入れてより良い方向を目指してほしい。

文教施策の中の日本語教育と国立国語研究所の移管措置

　ここでは,「文化庁」の関連施策に対する田尻の考えをまとめて述べることにする。

　「『生活者としての外国人』のための日本語教育事業」では, 2007年度の同じ教育事業の説明(「カリキュラム等の内容」)では以下のようになっている。

　　○成人の学習者を対象とし, 日常生活に必要となる実践的な日本語能力の習得を目的とすること。
　　○日本語能力試験3級合格程度の能力を身につけさせることができる内容とすること。
　　○(前略)地域の実情に応じて活用できる柔軟性を有するものとすること。
　　(中略)
　　○「カリキュラム等」には教材が含まれるが, 本事業は教材開発を主たる目的としものではないこと。

　07年度までは「日常生活に必要となる実践的な日本語能力」と「日本語能力試験3級合格程度の能力」は別のものとして扱われていたが, 08年度の「平成20年度『生活者としての外国人』のための日本語教育事業選考基準」の中の「外国人に対する実践的な日本語教育の研究開発」では「日本語能力試験3級合格程度」が(　)付きの説明として, 一文にまとめられている。日本語能力試験は,「日常生活に必要となる実践的な日本語能力」を測るものではないので, 田尻はこの箇所の表現が大変気になる。田尻の深読みであれば, お許しいただきたい。ただ, このままでは「日常生活に必要な実践的な日本語能力」を日本語能力試験で測ることができるような印象を受ける。

現在，外務省と法務省で進められている在留管理の検討案には入国・在留の手続きの際に日本語能力を問う（2008 年 1 月 15 日外務大臣記者会見）という内容があると言われていることと関連するようにも感じられる。この点は，この章の末尾の 2009 年度の概算要求のところで再度ふれることにする。また，この研究開発では「地域の実情に応じて活用できる柔軟」なカリキュラム開発を目指していて「教材開発を主たる目的」としなかったという点が削られているのは，どう考えればいいのであろうか。この点も 08 年度からの方針変更と考えられる。この研究開発では，「日系人等の外国人労働者の勤務形態等を十分に踏まえた」カリキュラム開発が必要だと書かれているが，現在日本語教育関係者で「外国人労働者の勤務形態」に詳しく，なおかつそれを踏まえてカリキュラムや教材を作成している例を寡聞にして田尻は知らない。むしろ，日本語教育関係者は外国人の日本語習得以外の活動には理解が足りないという声は，日本語教育学会外からよく聞かれる。その点は，あとで述べる日本語教育学会誌の内容にも見られる。今後日本語教育関係者は，一層他学会などとの連携をする必要があると考える。あえて，この記述の揚げ足をとれば，「日本人等」と「等」が付いてはいるものの，外国人としては日系人を想定しているようにうかがえる。08 年現在，在留外国人で一番多い国籍は中国となっている点も考える必要がある。
　また，08 年度からはこの事業は，07 年度までは「授業料を徴収して日本語等を教えている団体」「学校教育を目的としている団体」は募集対象から除外されていたが，この制限をなくすことにしている。したがって，「外国人学校，日本語学校，大学，高等専門学校などからの応募ができる」ようになった。「退職教員を対象とした日本語指導者養成」も「日本語教育関係機関」の仲介で「研修の企画，講師の派遣」もできるようになった。より広く日本語教育機関が参加して全国的に展開できるようになった点は評価できるが，その内容はどのようなものかは 08 年 12 月段階ではうかがいしれない。08 年 12 月段階では，07 年の事業報告は文化庁のウェブサイト上で一部見ることができる。その中で「外国人に対する実践的な日本語教育の研究開発」は全ての報告を読むことができ，大変有益である。ここでは特に浜松での取り組みが目を引く。「外国人に対する実践的な日本語教育の研究開発」の日

本語教育学会の報告書は，大部なものであるが，また途中経過の報告となっている。また，コミュニカ学院の報告は『生活者としての外国人のためのモジュール型カリキュラムの開発と学習ツールの作成』という特色がある。

「募集案内」の「日系人等を活用した日本語教室の設置運営」では，「日本語教室において，日系人等の外国人がそれぞれの母語で日本語を指導することが必要」とあり，学習時間は年「60時間程度」とある。ここには，それぞれの母語で日本語を教えれば短時間で効果があるという考えがあるように感じられる。実態は，はたしてそうであろうか。日本語教育関係者の発言を期待したい。また，「どのような日本を習得させるか」の例として「就労目的」が挙げられているが，先に来日した日系人が新しく来日した日系人にそれぞれの母語で就労目的の日本語を教えるという状況に問題はないのであろうか。日本での日系人の就労状況には多くの問題点が指摘されていることを考えれば，私にはこのままでよいとは思われないのである。

「退職教員を対象とした日本語指導者養成」では，実施形態にかなり縛りが厳しいもので，受講時間は「40時間程度」で「特に学校教育との相違点について認識を深めること」が必要となっている。私自身のこれまでの経験で，退職教師は自分の教え方に強い自信を持っている方が多く，40時間で指導要領というものがない対象に教えることの難しさをどれだけ理解してもらえるかは不安である。08年10月に京都教育大学でのこの講座の一部を担当したが，そこには多くの現職の教員が参加していた。現場で外国人生徒を担当している人たちの置かれている厳しい状況がうかがえた。

「ボランティアを対象とした実践的長期研修」では，参加対象者を「日本語教育能力検定試験合格者か，それと同等の能力を有する者」としている。私の理解では，日本語教育能力検定試験合格者は日本語のプロとして認められた方と思っているが，ここでは「ボランティア」の資格として書かれていることは，大変驚いた。「それと同等の能力を有する者」という条件が加えられているとしても，一般的に考えられているボランティアのイメージを一変する文化庁の考えである。どうして，日本語教育関係者のどこからも異見がでてこないのであろうか。

「地域日本語教育支援事業」も，2008年12月現在，2007年度の実施団体

や委嘱先からの情報は12団体（全委嘱先は40団体）である。2006年度の報告はかなりのものがサイト上で見ることができるだけに残念である。情報が入りにくい地域の方のためにも，出来るだけの情報公開を要望する。2001年から文化庁の委嘱を受けて続けている社団法人国際日本語普及協会の活動も，このサイトから移動できないのは不便である（この委嘱は，2007年度で終了している）。

「文化庁日本語教育大会」は07年度から年1回の開催になったが，全国から多くの日本語ボランティアが参加する大会となっている。以前は，日本語教育研究者が多く参加する大会であったが，現在は日本の現状に対応する大会となっている。ただ，参加者の意識や経験に大きな差がある状態で大会を続けている意味を，どこかで問い直さなければならないであろう。2008年度の大会は8月29日昭和女子大学で行われたが，その中で「文化審議会国語分科会日本語教育小委員会における審議状況の説明」が同委員会の主査である東京女子大学の西原鈴子氏からあった。審議途中での説明なので，大変やりにくそうな印象を受けた。その大会の最後のプログラムとして「地域日本語教育支援事業協議会」が行われたが，冒頭，進行役の早稲田大学の宮崎里司氏が早稲田大学で行われる学校教員免許更新講習の内容に日本語教育に関する事項を入れるという発言があった。このようなことは外国人集住都市会議からも要求が出ているが，実際にわずかな時間数で小・中学校の教員の免許更新の際に日本語教育のさわりを話すということは，田尻にはイメージできない。公的な場面での発言であるから，宮崎氏にそのような講習の内容を外部の者にもわかるような形で公表することを期待する。また，大会の最後に文化庁の方から，「地域日本語教育支援事業報告会」で報告した方々は昨年度の委嘱を受けているので，再募集に応募したい方は直接応募の仕方を聞いてください，という旨のアナウンスがあった。この大会に参加していない方で再募集に応募したいと思っている方との間で不平等が生じないだろうかと心配になった。

　次に，日本語教育小委員会について述べる。この委員会の審議内容は今後の日本語教育の将来像に決定的に関わるだけに注目しておかなければならないが，日本語教育関係者の間でさえあまり話題にならないのは，どうしてで

あろう。この委員会の上部委員会である国語分科会で国立国語研究所の移管の件が話題になっているが、議論が途中で止められているのを不満に感じる。せっかく所管官庁である文化庁の委員会で話題になり、しかも文化庁長官もその日はそこに出席していることを考えれば、もっとつっこんだ議論にしてほしかった。問題は、第5回提出の「骨子（案）」と第6回提出の「まとめ（案）」の違いである。変更の方向性としては、外国人の社会参加の必要性が訴えられ、社会統合の流れの中で日本語教育を捉え、日本語教育の専門性（その指し示す内容は不明と言わざるをえない）に言及したうえでコーディネーターを養成すべきとし、地域の日本語教育を「単なる語学学習」ではなく他分野の関係者との連携をはかるべきとしている。第37回国語分科会配布資料（http://www.bunka.go.jp/kokugo_nihongo/bunkasingi/kokugo_37/pdf/siryou_3.pdf）が現段階の小委員会の「まとめ（案）」である。ただし、国語分科会の資料では、日本語教育小委員会の「まとめ（案）」にあった「社会統合」という言葉が、「共同参画意識」に変えられていたり、「外国人年少者の教科学習」が今後の課題から削られていたり、「コーディネータ」が「地域の日本語教育を担う専門職」に変えられていたりしている。一方、国語分科会の資料には「実態把握のための基礎的な調査が不可欠である。その際、日本語教育の基盤情報について研究する機関や、各地域の大学等における研究成果を取り入れて検討することが必要である。」という文章が加えられている。この二つの資料の最後に書かれている他分野との連携は大いに賛成であるが、「共同参画意識を向上させるための共通語としての日本語の普及及び学習の促進」が日本語教育小委員会の第11回の配布資料にあるような国の役割としての「外国人の日本語学習の動機付けとなる奨励措置」と関連付けられ、入国管理局で検討されているような在留許可の際の日本語能力チェックと呼応するようであれば問題である。「多文化共生社会」という用語を使わずに「多文化社会」という用語を使い、「社会統合」を目指すために日本語習得を勧めるならば、この流れは「同化」のための日本語教育という側面を持ってくるのではないかと危惧している。

　小委員会の構成が変わったあとの第9回の配布資料のうち、「主な意見」として挙げられているもののうち、既述したように、国にリーダーシップを

とってほしいという意見やコーディネーターの設置が報告（中間報告）の主たる目標であるという意見を読むと，この委員会の意義に疑問が出てくる。このコーディネーター自身，どんな内容を指すのかがはっきりしていないのではないであろうか。第 10 回に配布された資料の「地域における日本語教育の体制整備」という図では市町村が国や都道府県と三角形をなしてバランスをとっているように見えるが，「地域における日本語教育の体制整備について」という資料では，国→都道府県→市町村という流れがあるように感じられる。私は，外国人集住都市会議にもみられるように，外国人の定住に積極的に関わってきたのは市町村であったと理解している。むしろ，市町村から現場の問題点を出してもらい，それを積極的に取り上げる形で将来計画が作られることを期待する。また，この資料では，コーディネーターが「ボランティアにのみ依存した」状況を改善し，「日本語教育の質的向上」をはかる役割をはたすとしているが，むしろこれまでの文化庁の日本語教育大会や報告書（私自身も福岡で関わっている）ではそのボランティアの活動を評価してきたので，このままでは今までの各地のボランティア活動が評価されないということにもなりかねない。私は各地のボランティアの活動には，日本語教育の専門家と呼ばれる人たちより優れた活動をしているグループが多いことも知っているので，このように書かれるとボランティアは浮かばれないように思われる。最後に揚げ足をとれば，この図では行政機関とボランティア団体・日本語学校・企業などとは連携するようになっているが，ボランティア団体・日本語学校・企業の中では相互に連携するようには描かれていない。まさか，このような連携が必要ないと文化庁が考えているというわけではないであろう。08 年 10 月 2 日の第 12 回の日本語教育小委員会の資料として「『生活者としての外国人』に必要な日本語の位置づけ（イメージ）」が配布されているが，その図では年少者への日本語教育は想定されていないように感じられ，外国籍の大人の日本語も「生活」「学習」「就労」に分けられ（このように分けられるかどうかも問題），それらに共通するのが「健康，安全にかかわる日本語」となっている。田尻はこの場合の「健康，安全」がどのような状況を意味しているのかよくわからない。ただ，第 15 回小委員会で外国人の就労や社会生活に関わる日本語が取り上げられたことは大いに

評価できるが，そのような内容をこの段階の日本語教育で扱えるかどうかは疑問に感じる。むしろ，会社関係者，弁護士，司法書士，行政書士，社会保険労務士などの方々との連携を模索すべきではないかと考える。

　文化庁所管ということで国立国語研究所の移管措置について，一言ふれる。この件は，2007年12月24日に独立行政法人整理合理化計画（http://www.gyoukaku.go.jp/siryou/tokusyu/h1912224/index_dokuhou.html）が閣議決定されたことに関わる。この「計画」を日本語教育関係の部分だけ引用すれば，「日本語教育事業」は「他の公的日本語教育機関との役割見直し等を行い，事業の廃止を含め平成20年度中に検討し，結論を得る」となっていて，「図書館事業」は「平成20年度中に廃止する」，「法人形態の見直し等」は「大学共同利用機関法人に移管する」となっている。大学共同利用機関法人とは「人間文化研究機構」のことである。図書館の廃止に伴い，『国語年鑑』や『日本語教育年鑑』も出版できない可能性が出てきた。この件は前に述べた文化庁国語分科会や文部科学省独立行政法人評価委員会（2008年2月28日）でも問題になっているが，深く追求されることはなかった。国立国語研究所の移管については2008年2月8日に開かれた「学術研究推進部会国語に関する学術研究の推進に関する委員会」で扱われることになった。当日の配布資料には「『国語に関する学術研究の推進に関する委員会』における論点案」があり，そこでは「新たな大学共同利用機関を設置する場合の当面の研究分野，組織，形態」が挙げられていて，「独立行政法人整理合理化計画（抄）」として国立国語研究所の移管の部分が引用されている。この委員会の第4回の資料として「『国語に関する学術研究の推進について』報告」が配布され，それとほぼ同じものが2008年7月7日の学術分科会（第27回）及び学術推進部会（第20回）合同会議に出されていて，これが最終案と考えられる。そこでは「これまで国立国語研究所においては，日本語教育情報資料の作成・提供に係る事業が行われてきた。新しい大学共同利用機関においても，日本語教育の基盤となるデータの収集，整理，研究を通じて，日本語教育に一定の貢献を行うことが望まれるが，現在も，多くの大学において，日本語教育に関する研究・教育が行われているところであり，大学との役割分担に留意する必要がある。また，日本語教育に係る基準等の開発や，資料の作成・提

供等の事業については，科学技術・学術審議会学術分科会における検討とは別に，政策上の必要性の観点から，その実施主体・方法等について，委託研究による推進なども含めて，早急に検討を行うことが望ましい」となっていて，日本語研究部門の廃止は独立行政法人整理合理化計画どおりになっている。日本語研究に関する研究部門は移管先でも存続するが，日本語教育に関する国の研究所がなくなってしまい，その意味は大きい。いったん廃止されれば，同様の研究所をもう一度設置することは至難の業である。国立国語研究所自体の情報公開も問題で，当初はこの移管について詳細がわかれば報告するとホームページに出ていたが，現在にいたってもそのままである。業績評価の段階で問題があれば，もっと早く関係諸機関に支援を求められたはずである。2007年11月8日の第43回の行政改革・効率化有識者会議では，国立国語研究所の存在について厳しい質問が出ているのである。せめて，この段階でも国立国語研究所の関係者から日本語教育関係者への働きかけができなかったのであろうか。実際に，国内外の研究者や研究機関を動員して存在意義をまとめた意見書を関係省庁に提出して，廃止を免れた研究所もあるからである。今後の経過を見守りたい。日本語学会では学会誌『日本語の研究』4巻4号でこの件についての報告があるが，日本語教育学会の学会誌での報告はない。

　最後に，2008年9月に入って発表された「平成21年度概算要求主要事項説明資料」(http://www.bunka.go.jp/bunka_gyousei/yosan/pdf/21_shuyoujikou.pdf)について述べる。ここでは，以下の項目が日本語教育関係の2009年度予算の概算要求で計上されている。関係する事業だけの文章をそのまま引用する。

（1）「生活者としての外国人」のための日本語教育事業　169百万円（昨年度は148百万円）

　　日本語がわからないことから生じる様々な社会的問題を解消し，外国人が円滑に日本社会の一員として生活を送ることができるように，日系人等や未就学児を持つ日本人の親を活用した日本語教室の設置，退職教員や日本語能力を有する外国人を対象とした指導者養成，ボランティアの実践研修を行う。

（２）　地域日本語教育体制整備事業　69百万円（新規）

　　　地域の日本語教育の体制整備を図るため，地域の日本語教育を担う指導者の養成，日本語教育に係るコーディネーター業務の委託などを行う。
（３）　生活日本語コミュニケーションの習得基盤の整備に関する調査研究　40百万円（新規）

　　　日本語学習者の増大と学習目的の多様化に適切に対応した日本語教育の充実に資するよう，日本語能力測定方法と指導力の評価方法に関する調査研究を行う。
（４）　独立行政法人国立国語研究所運営費交付金　510百万円（昨年度は1111百万円）

　　　平成19年12月24日に閣議決定された独立行政法人整理合理化計画により，「大学共同利用機関法人に移管する」こととされたことから，独立行政法人国立国語研究所を廃止し，大学共同利用機関法人人間文化研究機構に移管するまでの間に必要な経費を計上している（移管予定日：平成21年10月1日）。

　この概算要求がそのまま通るかどうかは現時点では不明だが，文化庁が進めようとしている方向性は見て取れる。田尻には，2009年度の概算要求でその方向性はまたかなり変わったと感じた。(1)について言えば，「未就学児を持つ日本人の親を活用した日本語教室の設置」という意味がわからない。未就学児を持った親は，いろいろな事情があるにせよ，現状で多くの問題を抱えている。そのような親を「活用」するとは，どういう活動をイメージしているのであろうか。(2)は，日本語小委員会で取り上げられているコーディネーター職を地域に設置するという事業であろうか。具体的な事業のイメージが田尻にはわいてこない。従来あった「地域日本語教育支援事業」はなくなったのであろうか。(3)は，今回最も変わったと感じられた事業である。「日本語能力の測定方法と指導力の評価方法」を文化庁が扱うというのである。この場合の「日本語能力」とは，どのようなことを指すのであろうか。国際交流基金が作ろうとしている「日本語スタンダード」とは異なるはずであるし，学校現場の日本語能力なら文部科学省が管轄している領

域なので，文化庁が関わるはずがない。そうすると，総務省と法務省，または外務省と法務省が別個に想定していると思われる在留許可に関わる日本語能力の測定であろうか。「日本語学習者の増大と学習目的の多様化に適切に対応した日本語教育」という表現が，一般的すぎて田尻には対象が特定できない。もし，在留許可に関係するのであるならば影響は多方面に広がるので，オープンな場でその内容を検討するようにしてほしいと要望する。同様に，「指導力の評価方法」という表現も，誰を「指導」するのかがよくわからない。(4)については，国立国語研究所の移管日が明示されている点が注目される。2009年度の文化庁の日本語教育関係の予算が，最終的にどのように決まっていくかを見続けることにする。

　なお，国立国語研究所編『日本語教育年鑑2008年版』(くろしお出版，2008年)は，「生活者としての外国人のための日本語」を特集している。

生活者に対する日本語教育と国際交流基金

―現状と展望―

国際交流基金　日本語事業部長　嘉数勝美

1　はじめに

　一般に言語教育と言えば，学校教育における言葉の教育，とりわけ外国語教育を指すことが多い。国際交流基金(以下，「基金」)が行う日本語教育もその類に属するのであって，海外の公教育における外国語教育の枠組みの中での基盤整備のためにさまざまな支援を行ってきた。それは，「国際文化交流事業を総合的かつ効率的に行うことにより，我が国に対する諸外国の理解を深め，国際相互理解を増進し，及び文化その他の分野において世界に貢献し，もって良好な国際環境の整備並びに我が国の調和ある対外関係の維持及び発展に寄与することを目的とする」(独立行政法人国際交流基金法第3条)ことの一環にほかならない。ある国の文化や社会を知ろうとするとき，文献や情報だけでは不十分であり，人と人の言語コミュニケーションの深化がそれを補い，それによって強化される。その際，媒介言語が共通していることが望ましいが，それが一般的ではないところに，いわゆる外国語教育が必要となる。ここに「サピア・ウォーフの仮説」を持ち出すまでもないが，言葉が違えば，各々における物事の捉え方，その総体である文化，そしてそれを共有する間主観性(民族的・文化的アイデンティティ)にも違いを見出すことは，多かれ少なかれ，誰もが経験している。したがって，日本語を知ってもらえれば，日本や日本人についてより深い理解をしてもらえるだろうと考えるのは，無理のないことである。

本章で論ずべきは，実はそのような一般論では済まない，切実な社会問題としての，あるいは対応を誤れば国際問題や人権問題にさえ発展しかねない日本語教育の在り方に関することである。端的に言えば，海外での学校教育における日本語教育についてではなく，①日本に暮らす外国人と，②海外に暮らしながらも日本語を継承することを望んでいる人々，望まれている人々に対する日本語教育に尽きる。さらに，ここで言う前者は，いわゆる「オールド・カマー（old comer）」である在日韓国・朝鮮系などの人々を指すのではなく，「ニュー・カマー（new comer）」と言われるさまざまな国々から来日した人々，またこれから訪れるだろう人々のことである。また後者は，海外に生活の拠点を持つ日本人，及び国際結婚家庭における第二世代以降を指す。とはいえ，いずれの対象も，現在の基金が自発的に，あるいは業務上の責務として対応すべき領域の日本語教育ではないが，遠からず無関係ではいられなくなる喫緊の課題であるので，筆者はその現状を踏まえたうえで，今後の基金による展開のあるべき姿を考えてみようと試みるのである。

2 「生活者」とは

(1) 「オールド・カマー」と「ニュー・カマー」

まず，本章で言う「生活者」とは，〈日本に定住化しつつある外国人全体〉を指している。また，この「定住」という定義は，文字通りに解釈すれば，一定期間以上日本で生活する外国人を指すのであるが，入管法によれば，「活動に基づく在留資格」と「身分または地位に基づく在留資格」の２つの範疇のうち，後者によって下の（表1）に規定されるものの１つである。

表1 「身分又は地位に基づく在留資格」

在留資格	在留期間
・永住者	・無期限
・日本人の配偶者等	・3年または1年
・永住者の配偶者等	・3年または1年
・定住者	・3年または1年
	・法務大臣が個々に指定する期間。ただし，3年を超えない。

ただし，同法でいう「定住者」の定義には，〈法務大臣が特別な理由を考慮し一定の在留期間を指定して居住を認める者〉として，インドシナ難民，条約難民，日系三世，外国人配偶者の実子なども含まれている。また，すでに何世代にも亘り日本に定住し，日本語を母語同然に駆使する韓国・朝鮮系や中国・台湾系の人々のうち日本国籍を保持しない者の多くは，いわゆる「永住者」[1]に当たる。現在政府は，これらの在留者を総称して「在留外国人」と位置付けているが，その総数は年々増加の傾向にあり，法務省の統計によれば，2007（平成 19）年末現在で 215 万人にも達しており，後述する新たな政策的要因から，さらに加速することが予測されている。

その 215 万人のうち，いわゆる「オールド・カマー」が全体の 5 割強を占めていることは知られているが，本章のテーマである日本語教育は，既述のとおり，母語同然の日本語能力を有する彼らをその対象には含めておらず，その主対象が「ニュー・カマー」であることは議論の余地がない。「ニュー・カマー」の定義も一通りではないが，新たに国家的取組として日本語教育が行われなければならない対象が，1990 年の出入国管理法の改正施行により特別枠で入国が許可された日系人労働者とその家族であるという問題認識は，すでに全国的な規模で共有されている。そしてまた，2008 年の日・インドネシア経済連携協定（EPA）を皮切りに，今後他の国々との間でも計画されている外国人労働者への市場開放や，俄かに浮上した「移民庁構想」によって，その対象が拡大することは容易に想像できるのだ。いささかニュアンスは異なるものの，「留学生 30 万人計画」も，少なからぬ影響を与える要因となろう。

日系人労働者とその家族に対する日本語教育について言えば，生活レベルでは各々の受入企業，自治体，総務省，文化庁（国語課）を関係機関として挙げることができる。また，学校教育レベルでは，当然文部科学省と自治体（教育委員会）が当事者である。しかし，実際には，この両レベルにおいて，自治体の国際交流協会やボランティア団体が相当規模の貢献をしていること，換言すれば，その存在がなければ現状でも不十分と言われる状況がさらに悪化することは否めない。とはいえ，これに関する具体的な問題や課題は筆者の専門とする領域のものではなく，また筆者の属する基金の所掌事業範

囲でもないので，一々に論評を加えることを差し控えなければならないのは，日本語教育に携わる者として内心忸怩たるものがあるが，詳しくは本書の共同執筆者の中の専門家・当事者に委ねたい。この領域における基金の関わりは，外務省所管という行政区分の実態からして，極めて限定的なものである。他方，今後拡大するだろう外国人労働者への市場開放については，すでに基金自身が直接に関与しているので，その現状と今後の展開について，筆者なりの見解を披歴したいと思う。

(2) 日系人労働者と外国人労働者

日系人労働者と言っても，その実態は，ほぼブラジルとペルーからの人々のことである。とりわけブラジルからの入国者が多く，既出の法務省統計によれば，約32万人（全体の約15%）にも達しており，一例を挙げれば，静岡県や群馬県などには，いわゆる「集住都市」[2]の存在が認められる。一方，ペルーからの入国者も，相対的には少ないが，約6万人（同じく約3%）に達している。（表2）この状況は，ベトナムやタイなど，新たに入国者の数が増えている国々の存在が認められている実態からして，引き続き加速することが予測されている。

日本では「国際化」と言えば，文字通り自国と他国との際での関係の緊密化と同義であるかのような認識があったが，国内の日常生活において，しか

表2 「平成19年末現在国籍（出身地）別外国人登録者」

国籍（出身地）	登録者数（全体における比率%）
中国（含む台湾，香港）	606,889　（28.2）
韓国・朝鮮	593,489　（27.6）
ブラジル	316,967　（14.7）
フィリピン	202,592　（ 9.4）
ペルー	59,696　（ 2.8）
米国	51,851　（ 2.4）
その他	321,489　（14.9）
総　数	2,152,973　（100.0）

典拠：法務省入国管理局【広報資料】平成19年年末現在における外国人登録者統計について」

も広域に，外国人の存在が珍しくない状況や環境が見出されるようになった。「内なる国際化」が，現実味を帯びてきているのである。石井（2008）をして「隣人としての外国人との接触は歴史上初めてのこと」[3]と言わしめるほど，極めて大きな国際的影響が日本国内に及びつつあるのだ。日系人労働者への労働市場開放は，「失われた10年」と称される日本経済の低迷期と，南米，とりわけブラジルでの経済不況との相関にその一因を求められ，その相互補完の手段として，かつ日系人への顧慮を含む政治的判断で実現したものである。政策として導入されたものの，その後さまざまな社会問題を招来する種となったことは，次の指摘にその一端を垣間見ることができる。「我が国に在留する在日韓国人らに『特別永住者』の資格が付与されたこととのバランスで，日系人には『定住者』という法的地位が与えられた。その際，政策担当者の意図とは別に，この資格を使って我が国に大量に来たのは，日系ブラジル人デカセギであった。」（亀井，2008）ただし，これに関する問題や課題についての具体的な言及は，既述のとおり筆者の所掌とはせず，本書に収載される当該者の論考に委ねることとする。

　他方，国内への国際的影響という観点から，しかも上述の日系人労働者とは異なる枠組みで，筆者が属する基金自身が直接に関わることとなった点については，事の次第と今後の展望を披歴する責務を負っている。2008年7月，まったく新たな職域への外国人労働者の大量受入れが現実のものとなり，今後さらにその規模・形態も，また新たな職域へも展開される見通しである。その第一弾が，経済連携協定によって実現した「外国人看護師・介護福祉士」（いずれも候補者）の受入れである。この最大の要因が，とりもなおさず，日本社会が少し前から直面してきた「少子化」及び「高齢化」に起因する労働力不足の解消であることは，論を俟たない。後述するが，経済連携という名目の下に実行されるにしろ，この対応には反作用としての国際的影響も懸念されるので，筆者を含む関係者は，その初期段階から十分な問題意識の共有が必要であると考える。

　2005年にフィリピンとの間での交渉を皮切りに始まった同協定による「看護師・介護福祉士」の受入れの第一陣は，フィリピン側が内政問題で停滞するのを尻目に，インドネシアからの候補者208名によって取って替わられ，

2008年7月に来日した。基金は，このうち外務省が所掌する受入枠のうち，介護福祉士候補者56名の受入れを受託し，残りの152名については，経済産業省所管の財団法人海外技術者研修協会（AOTS）が受け入れることとなったのだ。ところで，両所が実施する研修は，看護・介護に関する実務研修ではなく，候補者に対する日本語教育そのものであり，しかもほぼ全員が初学者である。この研修は，留学に例えれば予備教育に相当し，本来の目的を完遂するための基礎能力としての日本語習得と，日本の文化・社会情報の学習にその最大の使命が課されており，期間中の専門研修（看護・介護導入研修）は，最終段階の約1週間，厚生労働省所管の社団法人国際厚生事業団によって実施されるに止まる。（表3）

事業全体の性質上，この初期研修がインドネシア人看護師及び介護福祉士の労働市場への輩出の成否を左右するとみなされるのは無理もないが，実際にはこの研修後に義務付けられている各々の国家試験合格に向けた各受入機関での研修指導の在り方こそが，最大の役割を担っていると断言して憚らない。なぜならば，基金及びAOTSに求められる研修内容と期間では，看護師・介護福祉士たるための必要十分条件が満たされないからである。分かりやすく言えば，両所での当該研修を修了した暁には，いずれの候補者も日常生活における日本人とのコミュニケーションには不自由しないレベルに達す

表3 「日インドネシアEPAに基づく看護師・介護福祉士に対する事前研修内容」

分類	必要な研修項目（4項目）	必要時間	到達目標	参考
日本語研修	①基礎日本語 ②看護・介護専門日本語	505 170	病院・介護施設において日本語を使って就労・研修ができるレベル	①語彙2700語，漢字500字レベル ②語彙850語，漢字200字レベル
日本社会への文化適応研修	③日本社会・生活習慣の理解・適応 ④看護・介護職場への理解・適応	51 90	・生活者として，及び看護師・介護福祉士として必要な日本社会への十分な理解。 ・日本の生活習慣と職場適応能力の習得	③講義，公共施設の見学等 ④講義，医療機関・福祉施設，関連企業の見学等

ることを保証するものの，各々専門職を日本語でこなすにレベルにまでは引き上げられない。当該研修の指導内容が，同程度の期間における標準的な到達度をはるかに超えるほど濃密に設計されているにもかかわらず，である。戦時のような特殊事情を除けば，いきなりに専門領域の語彙やコミュニケーション・スキルを叩き込むような集中速成の言語教育には，やはり無理がある。

　また，以下のとおり，この事業全体の趣意と構造を一瞥すれば，その現実味はさらに分かりやすいだろう。関係省庁は，官邸は言うまでもなく，経済産業省，厚生労働書，外務省，法務省，警察庁など極めて多岐に亘り，しかもその所掌と責任分担は，いわゆる「縦割り」によって分断されているに過ぎず，有機的・横断的連携が見出せないところに最大の懸念がある。それは，本事業の経過や成否を見極めてから整備をすればよいというほど楽観的な性質のものではなく，それ自体に無理があるのではないかという制度設計の未熟さに対する懸念を，如実に物語っている。当該候補者自身にとっても，受入機関にとっても，そして将来の受益者たる患者や要介護の老齢者などにとっても，満足する成果をもたらすような制度設計になっているのか，疑問や懸念を禁じ得ないのは，筆者一人ではないはずだ。はたして，下記の段階（条件）を見事にクリアして「定住」と「定職」を獲得する人はどれほどになるのだろうか。

〔国際交流基金が受託した研修事業の概要〕
目　的：日本国内の医療関連現場で不足する看護師及び介護福祉士を輩出する。
手　段：〈第一段階〉　当該専門領域の外国人有資格者を候補として招へいし，一定期間の特別滞在許可を付与する。この間候補者には，生活言語としての日本語能力を習得させるため，専門機関での研修を義務付ける。（6カ月）
　　　　〈第二段階〉　上記研修終了後，各候補者を来日前に予め決められた受入機関に配属し，各々補助的実務に従事せしめながら（有給），日本国の実施する当該国家試験受

験を義務付ける。看護師の場合は3年以内に，介護福祉士の場合は，3年の実務研修を経て4年以内に，それぞれ合格しなければならない。

〈第三段階〉 上記各国家試験に合格した者には，定住を前提とした労働許可を付与する。規定期間内に合格しない者については，特別滞在許可を取り消し，帰国せしめる。

備　考：(1) 上記に言う各々の国家試験は，日本人受験者同様に日本語で受験するもので，現時点で英語など特定の言語で実施することも，また漢字にルビを振るなどの特別措置も計画されていない。

(2) 看護師試験については，第一段階の研修終了後から起算して所定の期限内に3回受験できるが，介護福祉士試験については，3年の実務経験が必須のため，期限内に受験できるのは，事実上1回のみである。

3　史上初の「移民」受入れ

(1)　「同化」と「統合」

　喫緊の社会問題の解決のためとはいえ，前項に言及したような高度な専門性を必要とする職域に，やや拙速気味に外国人労働力の受入れを図るのは，本当の意味での社会政策なのであろうか。また，それは国際的にも容認され得る要件を満たしているのだろうか。そのような逡巡は，他の国々との間でのEPA導入の範囲を，看護師・介護福祉士に止まらず，国内で人材・労働力が不足する他の職種にも拡大しようとする政府の目論見や，緊急避難も止むなしとする財界などの思惑の前には霧散してしまうのだ。調理師しかり，マッサージ師しかり，「不足の穴埋め」という発想から，対象となる職種は，今後際限なく広がっていくだろう。むろん，国内で不足する労働力を外国人によって補おうとするのは，日本に限ったことではない。すでにヨーロッパでは，EUの拡大と並行して，労働力の国際間移動が日常化する傾向が見ら

れる。ただし，近年ドイツやフランスなどで「在来」と「新来」との共生が可能な環境において，経済的格差を生み出し，結果として民族的格差の顕在化やエスニシティの衝突にまで発展するなど，外国人労働力を単に「不足の穴埋め」と位置付けた場合の「ツケ」の大きさが侮れないものであることを，日本は予め学んでおくべきである。

　今後の日本社会は，ひとえに自国の都合からだけではなく，グローバル化する国際社会の中で否応もなく労働市場を開放せざるを得ない状況に置かれるようになる。グローバル化は，経済活動と共に人々の生活圏をも多極化し，世界各地で多文化共生空間の増大をもたらし，多極化は必然的に文化的多様性の尊重によってバランスが保たれる。このような状況の下では，外国人との共生はもはや一過的で局所的なものに止まらず，永続的なものへと変わっていく濃厚な可能性を秘めている。そのような潮流を好ましく思わない民族主義的，国家主義的な反動も当然予想されるが，むしろ民族的多様性を新たな「国家資産」と見なす積極的な政策として，外国人労働力の確保を移民政策と緊密に連関させるような動きも見られようになった。前出のドイツでの移民政策に，その典型を見ることができる。また，移民政策と言えば，かつては「在来」の枠組みに取り込む「同化」型が一般的であったが，70年代以降のカナダやオーストラリアでの先行例に見るように，グローバル化の枠組みの中では，「統合」型が必然的になるであろう。文化的多様性を新たな「国家資産」として受け入れようとすることは，まさにその具体化の最たるものである。

(2)　「統合」と日本語

　日本はかつて南米やカナダ，アメリカ (特にカリフォルニア州やハワイ州) に大量の日本人移民を送り出した歴史を有している。しかし，自らが外国人を移民として受け入れる政策を講じたことは，未だかつてない。近年飛躍的に拡大した外国人労働者の受入れは，「定住」を前提とはしていても，「新国民」として受け入れるところまでは想定していないし，また目論んでもいないのだ。定住して日本社会への貢献を期待しつつも，外国人看護師や介護福祉士に日本語による国家資格取得を義務付け，その後も日本語による職務

遂行を当然のこととしていることが，何よりも端的に同化主義的色彩を露わにしている。むろん，日本語による職務遂行が支障なくできるまでのレベルに達すれば，自ら同化しようとする向きが現れることも想像に難くない。しかし，それが効率的に実現できるかと言えば，現実的には厳しいだろう。むしろ統合的な発想で，言語的な制約を課さない制度設計を行えば，現状で想定し得る悲観的な数値よりははるかに多くの外国人看護師・介護福祉士を現場に輩出することができると思う。それは，まず彼らが直面する障壁を最小限にするという趣旨であって，また逆に外国語をほとんど理解できない大多数の患者や要介護の老齢者などに対して，たとえば，インドネシア語で接触すればよいということでは決してない。少なくとも現行の制度でも，インドネシア人看護師・介護福祉士候補者は，生活上支障のない日本語運用能力は習得できるのだから，すべての専門用語や言い回しを日本語で習得していないとしても，患者など受益者とのコミュニケーションで致命的な齟齬を生じることはないだろう。元々彼らも，本国では看護師としての資格や経験を有し，また介護福祉士としての導入研修を受けているのだから，日本語による国家試験受験という想像以上に高い障壁を立てて，その前途を塞ぐような実態ならば，そもそも大幅に受け入れようという趣旨自体が疑わしいと言われても致し方あるまい。むしろ，受験に際して一定の特別措置や緩和策を講じてでも，多くの現場への円滑な人材供給を早急に実現することこそが，本来の趣旨に沿うことではないのだろうか。

　日本社会の労働力不足は，国力(国際競争力)の減退を加速させるのではという懸念の増幅から，小手先の外国人労働力の確保程度ではもはや打開できない状況に立ち至っている，という認識をもたらしている。2008年5月に自民党国会議員約80名で構成される「外国人材交流推進議員連盟」(会長：中川秀直衆院議員)が「移民庁」設置構想を発表したのは，その最も急進的な表れである。

　既出の石井(2008)が言う「隣人としての外国人との接触は歴史上初めてのこと」は，日本社会の現状の追認であり，また日本人自身による意識改革の必要性を説いたものと筆者は解釈しているが，「歴史上初めてのこと」という点では，「移民」を受け入れなければならない状況に差し迫っていると

いう同構想の認識もまた，歴史上初めてのことであり，極めて画期的である。ただし，同構想の中に既述の「統合」という認識を見出すことは限られていて，むしろ「同化」を強調していると思われる点に，国際的現状認識とのズレを感じないではいられない。また，高度の専門性を具備した有為の外国人青年を育成・確保し，日本の活力再生を目論んだ「留学生30万人計画」にも，相互理解増進や国際協調のためというよりは，依然として自国の体制強化のためという色合いが強いことが窺える。その実現性の強弱はともかく，一旦同計画が実行に移されれば，現行の外国人労働者への市場開放とも相俟って，いわゆる在留外国人の増加に拍車が掛るであろう。このように政策的要因で外国人受入れを拡充しようとするとき，日本語能力が厳然たる1つの基準とされることは自明ではあるが，その基準を「同化」的に定めるのか，「統合」的に定めるのか，また国内のみの基準として据えるのか，国際的基準として据えるのか，その観点が後の状況と環境を左右するのも，また自明のことである。海外の日本語教育を専らとする基金が，その蓄積した知財と広範なネットワークを以って国内の日本語教育にも貢献できるのは，いままさに進行中の「内なる国際化」の状況においてであると明言したい。目下基金が，教育の場の内外を問わない，文字通りの国際標準としての「日本語教育スタンダード」[4]を構築しようとするのは，まさにこのような認識からなのである。

4 継承語としての日本語教育

(1) 日系移民と日本語

　基金による日本語教育は，海外をその表舞台としてきた。したがって，海外における日本語教育については，初等教育課程から高等教育課程までのほとんどと，学校教育外の一部を含み，大なり小なり，多かれ少なかれ，専門家の派遣・招へいや教材寄贈等の関連事業を通じて支援してきた。前二節で論じた日本語教育は，日本国内における外国人生活者に対する喫緊の課題と現状であり，基金が直接関与するのはその一部であったが，海外においては1972年の創設以来長年に亘り，基金は，事実上「生活者に対する日本語教

育」に相当する部分をも担っている。それは，南米の日系人社会における「継承日本語」教育への関与に他ならない。南米で最大規模の日本語教育が実施されているブラジルにおいてさえ，さすがに世代交代のために「継承」の意義が薄れたり，変容したりしてはいるものの，依然として自らの出自，生きることの縁(よすが)，すなわちアイデンティティの1つとして日本語を学ぶ人々の存在は認められるのである。また，日系移民の南米各地での社会貢献や社会的成功は，非日系市民に対して一定以上の影響を与え，日本へのさまざまな関心となって表れ，それを日本語学習者漸増の要因の1つに挙げることができる。やがてこれらの学習者の中から，外国人に門戸を広げた日本を訪れ，共生の輪に加わる者が出てくることを推測するのは，あながち無謀なことでない。いまや日本語を使用する生活空間は，日本の国外にも広がりつつある。したがって，海外での日本語学習の機会もまた，実際に「生活者に対する日本語教育」の契機となる可能性を秘めているのである。

(2) 日本出自と日本語

　継承語としての日本語教育の新しい局面が，最近アメリカで鮮明になりつつある。南米の日系社会と通底するのは，いわゆる移民政策によって永住しているわけではないものの，永住日本人家庭や，日本人との国際婚家庭における第二世代に対する日本語教育の必要性が訴えられていることである。かつて，アメリカで永住するために日本語を捨てることはあっても，敢えて学ぶようなことは一般的ではなかったのにもかかわらず，である。もう1つの局面が，日本企業のアメリカ駐在員家庭の子女に対する日本語教育強化の要請である。この層に対しては，従来なら在外子女として日本人学校や補習校における「国語」教育が施されるのが一般的であった。しかし，おそらく今後もアメリカに生活の基盤を置くことを見据えた親たちは，子どもたちにとって状況や環境が整わないまま国語教育を受けさせるよりは，むしろ外国人子女に対する日本語教育を受けることに，現実的なメリットを敏感に嗅ぎ分けたに違いない。それは，彼らにとって日本出自であることがかつてのように引け目や負い目ではなくなってきたことや，不十分とはいえ並の学習者より高度の運用力があれば，将来の経済的メリットともなるからであろう。彼ら

の間で，日本語学習が文化の継承と見なされようが，実利実益のためと値踏みされた結果であろうが，何らかの形のアイデンティティとして，またツールとして存在感が保てるのなら，その際にはもはや日本語に国語同然の質を求めなくてもよいのだと思う。なぜならば，それこそが生活感に裏打ちされたニーズだからであり，新たな継承語の形だからである。

5　日本語の「第三の場」へ

(1)　世界の言語教育と日本語教育

　グローバル化の伸張に伴って「文化の多様性」[5]が国際共通理念の1つとして共有されると同時に，「言語の多様性」も重視されるようになってきた。英語が事実上最も有力な国際語であることは論を俟たないが，その独占的状況の追認は，いわゆる「言語帝国主義」を容認することにほかならず，言語とは不可分の特定の文化への追従をも継起し，結局，グローバル化が形を変えた「パワー・ポリティックス」以外の何物でもないという事態を招来してしまうからだ。グローバル化によって世界各地で多文化の共生域が顕在化し，同時に多言語化が進む傾向が見られる。その際の言語政策としては，既存の「国語」や「公用語」に同化しようという場合もあれば，多言語化を「国家的資産」の強化と見なし，異言語間での文化的連携の糧と捉える場合もある。後者のアナロジーは，2001年から始動した「ヨーロッパ言語共通参照枠組み（CEFR）」[6]に見られ，それが現にさまざまな言語の違いを超えて国際的普遍性を有することを実証しつつある。自らもグローバル化の枠組みの中にあり，また「内なる国際化」も進む日本が，多言語化する国際社会に自ら参画するためにも，前出のような日本語教育の国際標準を構築したり，いわゆる在留外国人に対する言語教育・言語サービスを整備したり，事態の進展はもはや後戻りのできないところまでに至っている。

(2)　「第三の場」

　海外における日本語教育が90年代以降急速に拡大してきたことは，広く知られている。基金の「2006年海外日本語教育機関調査」によって，133

か国・地域[7]で298万人を超える学習者がいることが明らかになった。これは，いわばその年の瞬間最大値であるから，実際に海外で日本語を学んだことがある人の数を勘案すれば，運用能力の差はあれ，相当規模の積上げになることは想像に難くない。この背景には，日本の国際経済力との連関があると考えるのが一般的ではあるが，既述のとおりグローバル化の潮流とも無関係ではない。世界の社会言語学的分析からすれば，むしろ後者が国際経済力と言語教育とを強く結びつける要因となっていると思われる。

　文化の伝播には「受容」と「変容」というプロセスがあるが，とりわけ「変容（acculturation）」という，異文化間における持続的・直接的接触による一方または両方の元々の文化型に変化が生じることが注目される。言語についても，母語社会の内発的な要因による言語変化とは異なり，学習言語においては母語話者との接触の度合や，自らの母語干渉などの要因から，母語話者のそれとは異なる言語使用上の変化や変容が招来されることがある。英語が国際通用性を拡大する過程で，さまざまな地域や使用者によって変容を遂げ，それでも英語として存在・機能する現実が（World Englishes，あるいは English as a global language という認識），その端的な例であろう。換言すれば，日本語教育が国際化するということは，必ずしも母語話者による日本語と同じものが学習者の間に広まるというほど自明のことではなく，むしろその規模が拡大すればするほど，さまざまな変種や変容をもたらす潜在性があるということなのである。そこで注目される観点が，言語使用の「第三の場」[8]である。これを端的に言えば，母語・第一言語としての言語使用の「第一の場」と，外国語・第二言語としての言語使用の「第二の場」から止揚された新たな「場」という考え方である。（Lo Bianco ほか，1999）したがって，「第三の場」における言語使用には，「第一」にもよ拠らない，また「第二」にも拠らないという変則や多様性が発現するのである。言語の異なる者同士による日本語使用の場面でなら，さらにその現実味は濃厚になるだろう。それが，とりもなおさず，生活者に対する日本語教育において重要な観点となろう。

6 おわりに

「生活者に対する日本語教育」という観点から，本章で最も紙幅を割いたのは，前半の第2節及び第3節である。特に，第2節で言及したとおり，「縦割り行政」の歪みと国民の認識不足によって，外国人生活者に対する効率的で包括的な日本語教育対策が講じられていないのが最大の問題である。これについては，去る2005年と2007年の二度に亘って基金が主宰した有識者懇談会において，同様の問題指摘がなされた。とりわけ，2007年のそれは，日本語教育は，その場や対象の如何を問わず，グローバル化する国際社会において我が国が自ら果たすべき国際的責務である，という認識に基づいている。官民の関係機関相互による問題意識の共有と対策のためには「コンソーシアム」の設置が急務であると提言されたものの，その後具体的な展開や進捗が見られない。いわば，これは**外国人生活者を巡る国内問題**である。(http://www.jpf.go.jp/j/japanese/new/0702/02-01.html)

一方，日系人労働者の日本人や日本社会との不適応，その子どもたちの身に及ぶ不就学や母語維持の危機などは，出自を理由に迎えられたのにも拘らず，結局は同胞に安価な労働力と見なされたという恨みから日本への不信となって，図らずも**国際問題**に発展する危険性があるのだ。**もう1つの国際問題**は，自国の便益のための対策が，他国の不利益や社会問題になってしまうというジレンマである。たとえば，まだ協定が発効せず宙に浮いたままのフィリピンとのEPAが動き出せば，2年間で総勢2,000名もの看護師・介護福祉士候補者が同国の医療，介護施設から離職して来日することとなる。これによって，現地の人々に対する本来のサービスが低下することが懸念される。

基金は（おそらくAOTSも），このように制度設計上に少なからぬ懸念や問題があることを認識するものの，二国間協定（事業）が一旦発効した以上は，現状において最善を尽くすのみである。しかし，理想的には，問題の発生を未然に防ぐために万全の国家的，かつ国際的体制が整備された環境において本来の能力・機能を発揮し，EPAから当事国双方が裨益することを希求する。日本語そのものがグローバル化する国際社会の中で，1つの国際性

を発揮する新しい「場」を持ちつつある，ということにほかならないからである。

注
1. 1945年以前から日本に定住している韓国・朝鮮系及び台湾系の人々とその子孫については，「特別永住者」と規定される。
2. 2001年5月7日，浜松市で開催された「外国人集住都市会議」が端緒。地元住民との対比で外国人が多く住んでいる，または特定の国からの人々が一定規模のコミュニティを形成しているという意味をもつ。
3. 外務省・静岡県・IOM主催「外国人住民と社会統合に関する国際シンポジウム」(2008年3月25日・静岡市)における石井米雄・人間文化研究機構長の基調講演における言及。
4. 基金が，「相互理解のための日本語」を理念として，言語運用能力の国際的標準を自ら整備しようとするもの。後出のCEFRを大いに参照している。
5. 2005年，UNESCOにおいて「文化的表現の多様性の保護及び促進に関する条約」が加盟国間で締結された。
6. 欧州評議会が1971年から研究に着手し，2001年に完成した多言語対応の国際言語標準及びその関連施策の総称。欧州統合政策の一環として導入された同参照枠組みは，その影響を世界の言語教育にまで及ぼしている。伝統的な規範・文法主義の言語教育から，コミュニケーション能力を核とする機能・概念主義の言語教育の壮大な具体化である。
7. 香港(中国)，マカオ(中国)，ニューカレドニア(フランス)など7地域が，本国とは別に分類されている。
8. 現在のオーストラリアの言語政策を提唱したLo Bianco などによる考え方。ある言語について母語話者と非母語話者が共有・共感する言語使用の場を指す。とりわけ，言語と文化との相関が重視されている。

【引用・参考文献】
亀田進久(2008)「外国人労働者問題の諸相―日系ブラジル人労働者の雇用問題と研修・技能実習制度を中心に―」(農林環境調査室)
　http://www.ndl.go.jp/jp/data/publication/refer/200804_687/068702.pdf
法政大学大原社会問題研究所(1994)「特集　日本における外国人労働者の現状」『日本労働年鑑　第64集』(労働旬報社)
法務省入国管理局(2008)「【広報資料】平成19年年末現在における外国人登録者統計について」http://www.moj.go.jp/PRESS/080601-1.pdf

Lo Bianco, J., Crozet, C. & Liddicoat. A. J. (1999), *Striving for the Third Place - Intercultural competence through language education*, Language Australia

日本の経済社会に活力をもたらす外国人の力

―外国人受け入れ問題に関する日本経団連の考え方―

社団法人 日本経済団体連合会 産業第一本部長　井上　洋

1 『奥田ビジョン』に盛り込まれた外国人の受け入れ問題

　日本経団連は，2003年1月に公表した新ビジョン『活力と魅力溢れる日本をめざして』(通称，奥田ビジョン)において，「多様性のダイナミズムによって日本の社会・経済に再び活力を取り戻す」という観点から，外国人も活躍できる環境の整備を提案した。同ビジョンでは，以下の通り，経済界でもタブー視されていた外国人の受け入れ問題について，明確な方向を示した。一部を引用する。

　　専門的，技術的分野に限らず，外国人の受け入れが日本の経済や社会にさまざまな影響を及ぼすことをあらかじめ考えておく必要がある。また日本国内の企業において，どのような受け入れニーズがあるかを十分に把握し，透明かつ安定した制度を確立していくことが求められよう。重要なのは，日本の活力を高めるために，日本がいかにオープンで柔軟な労働市場を確立していくかである。
　　すでに，専門的，技術的分野においては外国人の受け入れが認められているが，企業や社会のニーズから見ると非常に限定されている。たとえば，「教育訓練や能力開発を目的とした企業内移動」は未だ認められていない。また，海外の事業者による日本でのサービス提供のための人材派遣(労働者派遣法)，外国人医師による日本国内での診療(医師法)

などは，国内法の改革が行われないために制限されている。外国人に限らず，人材の柔軟な活用が必要とされる法務，会計，税務などの分野については，海外において外国人が得た資格（弁護士，会計士等）の二国間・地域間の相互認証を進めていくことが急がれる。加えて，日本で学ぶ留学生の日本国内での就職を促進するため，官民協力のもと，優遇制度を創設することも検討に値しよう。さらに，各在留資格に応じて，在留期間を延長することも求められる。

（略）

一方，いわゆる製造などの職種に就く外国人の受け入れについては，外国人研修制度・技能実習制度の創設により，最長3年の滞在が認められ（研修1年，実習2年），財団法人国際協力研修機構（JITCO）の制度活用者は，2001年で約6万人（研修制度活用者3万7千人，技能実習移行申請者2万2千人）にのぼる。

（略）

少子化・高齢化の進展による就業人口の減少には，女性等の就業促進に取り組むことが何よりもまず重要であるが，その一方で，日本で働いてみたい外国人をより透明で安定した制度のもとで受け入れるシステムを本格的に設計することも急がれよう。世界各国の労働者受け入れのシステムをみると，①労働市場テスト（一定期間求人を出して国内の労働者によって充足されない場合に外国人の就労許可を与える），②受け入れ上限制（いわゆる数量制限），③金銭的負担（雇用税，供託金制度），④二国間協定，FTAによる人の移動の自由化（受け入れ人数，期間，職種などの取り決め）など4類型の組み合わせとなるが，たとえば，これまで日本と同様にアジアにおいて製造業の力で経済発展を遂げてきた台湾の受け入れシステムは参考となる。

台湾では，大競争時代の到来を踏まえ，諸外国との協定によって専門的，技術的分野以外の外国人を広く受け入れている。現在協定が結ばれているのは，タイ，フィリピン，インドネシア，マレーシア，ベトナムであるが，その結果，タイから約13万人，インドネシアから約9万人，フィリピンから約7万人が台湾に来て就労している。タイ人は主に公

共工事などの建設業に従事し，フィリピン人は製造，看護，家事などの現場での女性の就労が多い。外国人労働者は，台湾人の嫌う3K職場，たとえば夜間勤務を含むシフト勤務の現場などで就労するケースが目立つ。ただし，外国人労働者に対する給与は，台湾における基本賃金（最低賃金）を下回ることが許されないため，外国人労働者が台湾人の同じ職種に就く労働者の賃金を著しく下回ることはない（外国人労働者には，業績が反映される賞与の支払いがない）。

(略)

　以上のような制度のもとでは，外国人が台湾人の職場を奪っているとは必ずしも言えず，むしろ台湾の経済界には，WTO加盟によって懸念される内需向けの製造業（たとえば素材型産業等）の競争力低下に対応して，競争力維持の観点から外国人の受け入れが必要であるとの認識が一般的となっている。しかも，厳格に運営されている制度のもとで，不法滞在者は極めて少ないという。こうしたアジアでの経験を踏まえ，日本においても，日本人失業者に対する職業能力の向上策とあわせて，これまで本格的な受け入れを行ってこなかった分野の外国人の受け入れに関し，具体的な制度設計に取り組んでいくべきであろう。

　むろん，多種多様な外国人が多数，その家族と日本で生活するための前提として，言語，教育，文化，宗教，生活習慣面での多様性を，日本人が理解し受け入れることがまず重要となる。外国人に対する差別的な行為をなくす努力（賃貸住宅の入居，宗教活動への理解等）が求められよう。また教育，居住面で外国人にストレスを感じさせない環境をしっかりと整備しなければならない。インターナショナルスクールの充実や公立学校の受け入れ体制の強化とともに，地域における市民レベルでの交流も活発に行っていくことが求められる。さらに合法的に日本で職を得，生活する外国人の信頼を確保するために，不法滞在者の摘発を強化することも重要であり，その体制整備を求めたい。その結果として，外国人による犯罪は未然に防止されよう。加えて，公的年金制度を持つ国とは，積極的に年金協定を締結していくべきである。

2　本格的な「提言」づくり

　『奥田ビジョン』をフォローアップするため，その後，経団連事務局内にプロジェクトチームをつくり，企業関係者や関係省庁・地方自治体の担当者，大学関係者など，数多くの専門家から意見やアドバイスをいただき，またメンバー自身で現場に足を運びながら，「外国人受け入れ問題に関する中間とりまとめ」を作成し，2003年11月14日に公表した。

　その段階では，「提言」ではなく「中間とりまとめ」として公表したのは，外国人受け入れに関する問題は，産業界はもちろんのこと，それ以上に，国や地方自治体，さらには，そこに住む人々の日常生活と密接に結びついた課題であり，日本経団連が「提言」として発表する前に，こうした問題に関心を持っている国民各層に広くパブリックコメントを求め，それらを反映した「提言」にしたいと考えたからである。そうしたプロセスのなかで，多くのパブリックコメントが寄せられ，2004年4月20日に「提言」を政府等関係機関に建議した。

　わが国では，1999年7月の閣議決定において，外国人の受け入れに関しては，まず専門的・技術的分野の外国人について，「日本経済の活性化や一層の国際化を図る観点から，受け入れをより積極的に推進」することを掲げた。しかし現実には，縦割り行政の壁に阻まれ各省庁が連携して施策を展開しているとはいえない状況にある。これを放置したままでは，わが国において外国人がその能力を十分に発揮することは難しく，実際，高度人材の受け入れは進んでいないというのが日本経団連の認識である。

　一方，現場で働く，いわゆる単純労働者の受け入れについて政府は，「経済社会と国民生活に多大な影響を及ぼす」との理由から，「慎重に対応する」という方針を打ち出している。しかし実態をみると，日本には，現場で働く外国人が相当数流入し就労・生活している。その多くはブラジル人を中心とした日系人であり，その数は30万人を超え，しかも最近では定住化する傾向が強まっている。

　日系人などの外国人がともかく職を得られる背景には，日本人，とりわけ若者が働きたがらない仕事が存在するという現実がある。多くの企業関係者

は，日本人の若者に現場で働いてもらいたいという期待を抱いており，また日本人の若者が専門知識，技術・技能を身に付けられるよう，企業，高校や大学，行政などが連携して，その職業能力・意識の向上に取り組む必要があるが，日系人など外国人が日本人の就きたがらない現場で働いているという現実を我々は直視しなければならない。

　既に，わが国の労働力人口は減少しつつあるが，そのなかで女性や高齢者の力を最大限に活用するとしても，日本人だけでは不足する分野は，今後さらに増えていくことが予想される。その対策としては，まずは労働生産性の向上や就労環境・労働条件の改善を図ることが求められるが，それでもなお，例えば，福祉分野を中心としたサービス分野，あるいは農林水産業などの第一次産業分野などにおいては，日本人だけでは労働力不足が深刻化するであろう。

　このような現状と将来展望を踏まえれば，現場で働く外国人の受け入れを巡る問題についても，いつまでも先送りにすることはできない。

3　経団連が考える受け入れの基本原則と企業，国，地方自治体の役割

(1)　確立すべき受け入れの原則

　日本経団連の「提言」のポイントを一言で言うとすれば，「日本の社会・経済に活力を取り戻すためには，国民一人ひとりの『付加価値創造力』を高める必要があり，その観点から外国人のもつ力を活用する」ということになる。

　新ビジョンで掲げた「多様性のダイナミズム」と「共感と信頼」を具現化するというのが，その趣旨であり，国際的な人材獲得競争の激化や少子化・高齢化など経済社会構造の変化といった状況を踏まえ，国民一人ひとりの"付加価値創造力"を高めていく，そのプロセスに外国人の力を活かそうということである。

　そのうえで「提言」では，受け入れに向けた「三原則」を示している。すなわち，

　① 　質，量両面で十分にコントロールされた秩序ある受け入れを行うこと，

② 受け入れる外国人の人権や尊厳を損ねるものではあってはならないこと，
③ 送出し側にもメリットのあるものであること，
の3点である。

(2) 急がれる企業における雇用契約，人事制度の改革

まず取り上げたのは，「日本企業における雇用契約，人事制度の改革」である。会員企業へのインタビューやアンケートを中心にその考え方をまとめた。国などへの施策の提案を行う前に，まずは企業の取り組むべき課題を明らかにしたいと考え，「提言」の冒頭で取り上げた。

具体的には，企業における人事制度の見直しや企業内の意識改革を進めること，日本企業は外国人が働き甲斐を感じ得る仕事と処遇を提供することなどである。この背景にある考え方は，以下のようなものである。

今日，企業経営においては，「ダイバーシティ・マネジメント」が必須のものになりつつある。「ダイバーシティ・マネジメント」とは，「多様な人材を活かす戦略」であり，従来の企業内や社会におけるスタンダードにとらわれず，多様な属性(性別，年齢，国籍など)や価値・発想を取り入れることで，経営環境の変化に迅速かつ柔軟に対応し，企業の成長と従業員の自己実現につなげようとするものである。これは，文化的な多様性を活かす経営という意味で「異文化経営」とも呼ばれている。もちろん多様性が行き過ぎると，組織の一体感が欠如するようになったり，コミュニケーション・ギャップが発生したり，あるいは意思決定に要する労力と時間が増大したりするといった問題も引き起こす。しかし，そのようなデメリットを超えて，多様性は「異文化シナジー」というべきプラスの効果を組織にもたらすと，近年，考えられるようになっている。

組織が異文化シナジーを持つためには，構成員が互いの違いを認識しつつ，異なった方法が創造的に結合されることによって，組織の運営や仕事の進め方において最善の方法を生み出そうという意識をもつ必要がある。世界規模で迅速な市場ニーズへの対応を求められている今日，企業が異なる文化を超える経営を推進することは必然の流れであり，企業はそのなかで，外国人の活用も位置づけていくことが求められているわけである。

(3) 国と地方自治体が一体となった整合性ある施策の推進

「中間とりまとめ」では，外国人の受け入れ体制を巡り国の縦割り行政の弊害が強く出ていることを指摘したが，地方自治体や企業のみならず中央省庁の関係者からも，「まさにその通りだ」という共感を得た。そこで「提言」では，当面の対応として，内閣に「外国人受け入れ問題本部」を，内閣府に「特命担当大臣」を設置することを提案した。また将来的には，「外国人受け入れに関する基本法」の制定や「外国人庁」あるいは「多文化共生庁」創設の検討を提案した。

設置が急がれる内閣の「本部」は，外国人受け入れ全般の基本方針を企画・立案することを主な任務とし，出入国審査をになう法務省，査証発給を行う外務省，日本語修得，子弟教育に係わる文部科学省・文化庁，医療保険，年金，さらには外国人の雇用管理などを担当する厚生労働省，地方自治体への支援を行う総務省などの関連省庁との間で，具体的な施策に関する総合調整を行うことになる。また施策の展開に当たっては，地方分権の原則を踏まえつつ，地方自治体，NPO，NGOなどとの連携を重視すべきことは言うまでもない。

4 経団連の具体的な提案

(1) 新しい就労管理の仕組みの導入

「中間とりまとめ」では，外国人の入国後の管理が不十分であるため，外国人の就労や生活を巡って，不法滞在や犯罪の増加など，様々な問題が出ていることを指摘したが，「提言」では，これを解消するため，企業が外国人の雇い入れ時と離職時に，外国人個々の情報を公共職業安定所に報告するなどの責務を定めた「外国人雇用法」の制定を提案した。

移民受け入れの先進国であるドイツ，イギリスなどでは，入国管理と就労管理が一体化された制度が既に運用されている。例えば，イギリスではかつて，外国人の労働許可は，教育雇用省が労働許可の発給を担当するという仕組みであったが，2001年の組織改編によって，内務省移民国籍局労働許可課となり，入管と労働許可の所管の一元化が行われた。またドイツでは，「外

国人中央データベース」が構築され，外国人の入国，在留および就業に関する行政データが共通化されている。

　こうした動きを踏まえ日本でも，秩序ある受け入れを行うための法制度を新たに整備する必要があると判断したわけである。これは企業にとって，いわば規制強化となるものであるが，議論の過程では，「企業として，雇い入れた外国人を管理することは，当然の責務である」と言う意見が大勢を占め，新法の制定を求める決断をした。

　なお，外国人を雇い入れる企業に対し，外国人雇用税を課すべきであるとの意見もあるが，税制における「公平の原則」に反すること，外国人雇用税を課すと外国人雇用が地下に潜り，外国人の就労環境が悪化しかねないことなどから，その導入は慎重に考えるべきであるというのが日本経団連の立場である。もちろん，外国人の受け入れに伴う社会的コストは一義的にその受益者が負担すべきものあるが，生産性の向上が直接，企業収益に反映され，また雇用の増加も図られることを考えれば，法人税や外形標準課税となる法人事業税等の納税というかたちで，企業はその責務を相当程度果たすことができるものと考える。

(2) 専門的・技術的分野における受け入れの円滑化

　国は既に，専門的，技術的分野の外国人労働者の受け入れをより積極的に推進する方針を掲げているが，世界的に，能力の高い専門的，技術的分野の人材獲得競争が激化しているなかで，わが国では，この分野の新規の入国者数は必ずしも増加する傾向にはない。そこで「提言」では，専門的・技術的分野の外国人の受け入れを拡大するため，詳細な提案を行った。

　特に，高度人材の定住促進の観点からは，「日本版グリーンカードの創設」を検討することを求めている。これは，イギリスが実施している「高度技能移民プログラム」などを参考に，ある程度長い期間，日本国内で高度な業務に就いてもらえる人材を優遇しようという制度の導入提案である。

(3) 留学生の質的向上と日本国内における就職の促進

　わが国では，1983年に中曽根内閣が「留学生10万人計画」を決定したが，

既にその目標はすでに達成されている。そこで，「提言」では，留学生政策を量的拡大から質的向上に重点を移すよう求めた。

具体的な提案をとりまとめるに当たり，日本で2番目に多くの留学生を受け入れている早稲田大学の担当教官にインタビューを行った。そのなかで，同大学が，2001年に行った留学生の生活実態調査について説明を受けたが，私費留学生の生活の厳しさを目の当たりにした。すなわち，(1)留学生の月平均の支出額は約11万8千円，うち4割（約4万8千円）が住居費である，(2) 7割の留学生は留学生寮ではなく，広さ6畳程度の民間アパートに住んでいる，(3)奨学金を受けている留学生は5割弱で，7割弱の留学生が週20時間前後，飲食店等でアルバイトをしている，ということであり，そして6割の留学生が現在の生活に経済的な不満を持っていることが判明した。

近年，外国人，とりわけ大学や短大に通う留学生や日本語学校に通う就学生の犯罪が問題となっているが，その背景には，こうした日本での生活の厳しさがあると推察される。また本人の未熟な日本語能力もその一因となっているとの指摘もある。そこで「提言」では，日本で生活する留学生や就学生の生活支援を充実させるとともに，日本語教育の充実を図ること，さらには彼らが将来の希望を持てるよう，留学生の日本国内における就職の促進などを提案している。

(4) 将来的に労働力の不足が予想される分野での受け入れ

看護や介護等の分野などは，少子化・高齢化の進展に伴い，女性や高齢者を活用したとしても，この分野では日本人だけでは供給不足になることが予想されていることから，「提言」では，その秩序ある受け入れのためのシステムを提案した。

具体的には，在留資格の見直しやいわゆる市場テストを通じて，求められる職種・技能の要件や受け入れ人数，期間を明確にすること，二国間協定の締結を通じて，公的機関による送出し・受け入れ体制を確立するということである。

例えば，看護分野については，既に日本の看護師資格の取得を条件に4年以内の研修としての就労が認められているが，看護師資格を取得するための

受験にあたっては，日本の看護養成機関を卒業，または外国の看護師資格を有しかつ既に日本おいて在留資格を有している必要があり，受験資格を得ることすら困難となっている。また介護については，そもそも現行の入管制度では該当する在留資格がなく，介護を目的としての入国・就労は認められていない。

インドネシア，あるいはフィリピンとの経済連携協定(EPA)では，一定の人数枠の下，資格を持つ両国の看護師・介護福祉士の候補者が，日本の国家資格を取得するための準備活動の一環として就労することを認めるとされた。他の国々からの要望も強いことから，この分野における受け入れを様々な利害を超えて，日本と東アジアの国々の双方にメリットのあるかたちで実現することが急がれる。

(5) 外国人研修・技能実習制度の改善

外国人研修・技能実習制度は，開発途上国などの青壮年労働者を最長3年間(研修1年，技能実習2年)，日本国内に受け入れ，技術・技能・知識などを修得させ，帰国後，修得技能を活かし，その国の経済発展を担うことができる人材を育成することを目的とした制度である。

外国人研修生の受け入れについては，日本企業が，現地法人，合弁企業または外国の取引先企業の社員を研修生として受け入れるケース(企業単独型)に加えて，1990年より，商工会議所や事業協同組合などの団体が第一次受け入れ機関となり研修生を受け入れるかたち(団体監理型)も可能となった。さらに1993年には，研修を終了し所定の要件を充足した研修生に，雇用関係の下でより実践的な技術，技能などを修得させることを目的とした「技能実習制度」が創設され，現行制度の枠組みとなっている。

「中間とりまとめ」では，日本国内各地の地場産業などの実態，すなわち中国などからの研修・技能実習生を受け入れることにより，事業が継続でき日本人の雇用も維持できている例が多いという現実を踏まえ，本制度の積極的な活用を提案した。しかし，その後，「開発途上国への技術移転という本来の目的から乖離している」「手当てや賃金を巡る問題，失踪問題が発生している」などの批判を受け，「提言」では，制度の改善に重点を置くよう方

針を変更した。具体的には，受け入れ機関の不正行為に対する処分内容の強化や研修・技能実習生の早期帰国制度の導入などを求めた。

(6) 外国人の生活環境の整備

この項目は「中間とりまとめ」でも取り上げたものだが，地方自治体やNPO，NGOの関係者から，我々が見落としている点を種々，指摘いただいた。そこで大幅な加筆を行い，多文化共生を促す地域の役割として，地域において外国人に対する相談窓口の開設や日本語学習の機会提供などを提案することにした。

とりわけ，日本で生活する外国人の悩みを聞き適切なアドバイスを行う相談窓口の充実は重要な課題である。地方自治体は，市民のなかから有為な人材を発掘し，外国人に対するケアの活動に参画してもらう仕組みを構築することなどの役割を果たすよう求めている。加えて，外国人に対する日本語教育を地域においてプログラム化することも重要である。外国人が日本語を修得することは，日本社会において自立と自己実現を図るために越えなければならない最初のハードルでもある。また外国人に日本語学習の機会を与えることは，日本人にとっても多文化共生の理念を理解する上で，貴重な経験となる。国と地方自治体，さらには地域の交流協会，NPO，NGO，教育機関などが連携して，日本語支援コーディネータや日本語教育の専門家などの人材育成や配置，教材・教授法の開発などに取り組むことが求められる。

また社会保障制度の改善・充実も，外国人の生活を安定させる観点から不可欠である。日本は，1982年に「難民の地位に関する国際条約」を批准し，これに伴う国内法の改正で，国民年金，児童手当，児童扶養手当を外国人にも開放した。また国民健康保険も，1986年にはすべての外国人に加入を認めた。しかし，周知の通り，外国人に対する年金，健康保険制度は，必ずしも有効に機能していないのが実態である。

これは，わが国の制度が長期雇用労働者を前提にしているため，定住を前提としない外国人の実情に合っておらず，さらに短期雇用を繰り返す外国人も多いため，社会保険への加入がなかなか進まないことがその背景にある。また年金制度についていえば，保険料を6カ月以上納めた外国人が日本に住

まなくなった場合，2年以内に請求すれば脱退一時金が支給される制度が導入されているが，保険料納付期間が36カ月以上の場合では，支給額は一定で，保険料を支払うだけ損になるという状況が生じる。そうした制度上の問題もあり，外国人は，掛け捨てに近い状態になる年金制度への加入を嫌い，これとセットになっている健康保険にも加入しないわけである。

しかも国民健康保険では，在留期間が1年以上の在留または，在留期間が1年未満であっても入国目的，生活実態からみて1年以上日本に在留すると保険者が認めた外国人にだけ加入が認められるという条件がある。そこで，緊急医療については，現行の行旅病人及行旅死亡人取扱法が適用されることになるが，この適用範囲が狭く，地方自治体のなかには，外国人の未払い医療費を一部補填しているところもある。

以上のような状況を踏まえ「提言」では，政府に対して，できるだけ多くの国々と社会保障協定を締結するよう訴えるとともに，公的年金と医療保険の加入を巡る問題の解決を求めている。

(7) 日系人の入国，就労に伴う課題の解決

周知の通り，日系人の入国，在留は，1990年の入管法改正に伴い急激に拡大している。日系人は，現行の入管制度上，その身分や地位に着目した在留資格である「日本人の配偶者等」(主に二世)，「定住者」(主に三世) の資格により在留しており，一般の外国人のように企業等との雇用契約を前提としていない。一般の外国人であれば，雇用契約が成立し在留資格を得た後，離職し無職のまま在留することや，入国時に許可された資格以外の職に就くことは許さていないが，日系人はその身分や地位において，厳密な意味で外国人とは扱われず，一般の外国人と比べかなり自由に入国，在留ができるため，かえって将来の生活の見通しや十分な準備が整わないまま日本に入国するケースが少なくない。その結果，入国後，厳しい生活・就労環境に置かれ，その一部は犯罪に巻き込まれることもある。

そこで「提言」には，今後入国を希望する日系人については，日本で安定的に職が得られる者に限って在留資格を与えるなどの制度改正を盛り込んだ。また，親と一緒に来日する子弟の教育についても言及しており，例え

ば，日本の義務教育課程にあたる子弟に関しては，日本の公立学校やブラジル人学校でしっかりと教育を受けさせるよう指導することなどを求めている。

(8) 受け入れ施策と整合性の取れた不法滞在者・治安対策

以上が「提言」の概略であるが，国民は，外国人の受け入れに伴い治安面の悪化を不安視している。そこで我々は，警察・法務当局のみならず，外国人犯罪を扱っている弁護士や，日頃，中国人などの就学生の受け入れている日本語学校の関係者などからインタビューを行い，治安対策のあり方を考えた。

近年の外国人犯罪の状況を仔細に見ていくと，刑法犯・特別法犯とも，ここ数年増加傾向にあり，特に刑法犯の増加が目立つ。凶悪犯も増加しているが，放置自転車の無断使用などの微罪が多く立件されているとの指摘も聞かれる。

言うまでもなく犯罪は，個人の意思と犯罪に手を染めざるを得ない社会環境の双方によって起きるとされている。後者については，外国人が安心して仕事や勉学に励み，安定的な生活を送ることができるような社会環境を日本人の側で整備することにより，減少させることは十分可能である。来日する外国人の子弟をも対象とした日本語教育，就労支援，差別の防止など，多面的な外国人受け入れ施策を国と地方自治体が一体となって展開することが求められる，というのが「提言」の趣旨である。また，不法滞在者対策も必要となってきているが，ただ単に入管法に違反して滞在している者を摘発するというのではなく，素行が良く日本国内で生活基盤が確立しているような不法滞在者には個別に合法的な滞在を認めるという，在留特別許可などの合法化措置をとることも重要である。

いずれにしても，国民が安心して生活できるようにするために，外国人犯罪への対応を含む治安対策は早急に実施される必要がある。しかしながら，日本社会において感情的に外国人を排斥するような動きが広がるようなことは決してあってはならない。多くの外国人は日本でまじめに生活を送っている。特に日系人やアジア各国から来日した外国人は，既に日本の経済・社会

にとって欠かせない存在となっていることを我々は，正しく認識しなければならない。

　日本人が外国人といかに共生していくか，その姿勢がいま問われていると言っても過言ではない。重要なことは，日本あるいは日本人が外国人の人権や尊厳を損ねるような姿勢をとってはならないということである。外国人が外国人ゆえに差別されるようなことが無いよう，社会の諸制度・システムのなかで外国人を日本人と同じ条件で扱い，またケースによっては支援の手を差し伸べることが必要であろう。

　日本経団連の「提言」は，「私たち日本人が外国人の人権や尊厳を尊重することにより，外国人犯罪が減少し，ひいては日本人も外国人も安心して生活できる多文化共生の社会が形成されることを希望する」というかたちで締めくくられているが，このことは，東アジアのリーディングカントリーとして，国民すべてが共有すべき考え方ではないかと考えている。

5　「提言」後の活動　―外国人雇用を巡る企業の声―

　以上紹介した「提言」は，各方面でさまざまな反響を呼んだ。現場の実態を踏まえて書かれた提言であったため一定の評価を得たが，まだまだ不十分な点も多く，2006年10月に部会を新設してさらに検討を深め，2007年3月に「第二次提言」のとりまとめを行った。その「第二次提言」に先立ち，独自のアンケート調査を行ったが，今日における企業の生の声として参考になると思われるので，詳述したい。

（1）　外国人受け入れの目的

　アンケートではまず，「外国人受け入れの主たる目的」を聞いた。それに対して「現状では採用しにくい分野，将来的に不足する分野での人材確保」という答えが返ってきた。すなわち日本人ではなかなか対応できない人材を採りたいというニーズがこのところ企業内部で急速に高まっているということであろう。企業は今日ますます激化するグローバル競争に勝ち抜くため，グローバルな市場から多様な人材を採用しようとしている。もしそれができ

なければ，企業の存続すら危うくなるという危機感が伝わってくる。特に，多様な価値観や発想力をもった人材は，日本人だけで採用できないという状況にあり，外国人を積極的に受け入れていきたいという企業の姿勢は今日，より鮮明になっている。

　加えて，国境を越えた企業内転勤のニーズも高まっている。例えば，中国，あるいは東南アジアの各国に日本企業が工場を立地させた場合，その工場の管理をになう人材を日本に事業所内で仕事をさせながら，現場を中心とした管理手法を学んでもらうということである。日本の世界トップクラスの生産技術を海外工場に移転していかないと現地の工場はうまく操業できず，製品の品質も維持できないことから，このようなニーズが高まっているのである。

　将来の幹部候補生と位置づけられている人材を1年なり2年，日本で働いてもらうという企業内転勤は，在留資格上も認められているが，非常に使いにくいという声が強い。例えば，就職後1年以内だと企業内転勤の在留資格は得られない。その場合，研修の在留資格で入国を申請するということになるが，実際に働きながら給与を得るということはできない。日本で働くのであれば，日本語を習得するのは当然であり，日本語を学ばせるプログラムを企業内転勤の在留資格で入った人材に受けさせようとすると，それは認められない。研修の在留資格なら当然認められるが，それでは賃金が払えなくなる。要するに企業の実態に合わない制度運用がなされているわけで，On the Job Training という日本企業の人材育成の実態に合わない状況が生まれている。このあたりは早急に改善されるきであろう。

(2)　多様化する受け入れニーズと課題

　次の質問は，「どのような分野に高度人材を必要としているか」というものである。研究開発部門全般やIT技術者，先端研究開発部門，さらにはグローバルな観点での商品企画，中国に関する専門家，国際法務の専門家などが上がってきている。いずれもハイレベルな人材たちを迎えたいという希望であるが，その一方で，「将来的に労働力が不足する分野はどこか」と聞くと，現場の労働に関係するものが多い。要するに，高度人材は数で足りない

ということではなく，量的な面では，むしろ機械組立や板金，溶接，造船，設備保全などの方がニーズは高い。

　加えて，看護・介護の人材の不足感がこのところ急速に高まっている。日本経団連には，会員として，医療法人や社会福祉法人は入っていなので，なぜこのような分野の人材難が会員に対するアンケートから明らかになるのか不思議に思われるかもしれないが，大企業においては，企業が運営する病院が存在し，そうしたところの現場の声を聞いた結果として，看護師，介護士の不足感が浮かび上がってきたのだろう。もうひとつは農林水産業である。これも，日本経団連の関連企業のニーズというより，たとえば流通や食品産業などが取引先としている農業法人などが，「研修・技能実習制度」を活用し，主に中国からかなりの数の人々を受け入れていることを踏まえたものであると推察される。このように現場で働く人たちが，将来，不足し，外国人に頼らざるを得ないのではないかという認識がわが国社会において急速に広がりつつあるのも事実である。

　わが国では，高度人材がなかなか定着しないが，アンケートでは，「その原因は何か」ということを聞いている。日本政府の方針は，高度人材の受け入れは推進するとされているが，実際には，新規入国者数が減っていた時期もある。高度人材は，2～3年，日本で働くと，帰国したり，第三国に渡ったりするケースが多い。その理由の1つとして，「在留資格が限定的で活躍できる範囲が狭い」ということがある。これに加えて，「処遇，キャリアサポート体制等企業の受け入れ体制未成熟」というものもある。このなかには，企業の中でのコミュニケーションの問題も含まれているおり，また処遇という面では，いったいどのくらい努力すれば，どのような地位につけるのか，どのくらいの報酬が得られるかがわからないという問題がある。アンケートの回答では，「長期雇用を前提とした日本企業の処遇制度が外国人には合わない」というものもあった。外国人は，二十年も三十年も日本の企業に勤めようという気持は持っておらず，短期的に評価を得て報酬や地位を得たいようである。そういう面で，企業の仕組み・方針とギャップが生じているであろう。

(3) 急がれる制度の改革，運用の改善，企業の役割

　次は，「研修・技能実習制度」に関してであるが，今後，さらに広く受け入れたいというニーズがアンケートを通じて明らかになった。前述のとおり，「研修・技能実習制度」は，1年間の研修と2年間の技能実習で，最長3年の滞在が認められる制度である。技能実習に移行すると労働者として認められ，残業もでき賃金も最低賃金以上のものが得られる。1年目は研修手当てであるが，トータル3年間で技術も覚え，日本語もある程度のまで習得し帰国する。しかし，そこまでの知見や経験を得た人材をそれで返してしまうのは不合理ではないかという意見が少なからずあり，一度母国に帰国してから再度，来日してもらい，2年間ほど日本で働ける制度を新設したらどうかという期待がある。

　次に在留許可の取得・更新についてであるが，近年，厳しくなっているという印象がぬぐえない。基本的に在留資格認定は，個々の事案を勘案しながら決めるものとされており，申請する側から見ると裁量行政のように映る。入管局ごとに取り扱いが違うのではないかという指摘もあり，判断基準の明示が求められる。また，過去に適正な受け入れをしていて事故も無く，何人受け入れてでもしっかり日本に定着し，また帰国するときもしっかりと母国に帰るかたちのできている企業の場合には，手続きを簡略化すべきであろう。

　加えて，日本の制度の場合，在留許可期間が，通常，仕事に就く場合には3年あるいは1年となっているが，ほとんどの場合1年で，毎年更新をすることになる。これでは外国人は，強いプレッシャーを感じるのではないか。

　最後にアンケートでは，「就労管理について企業が果たすべき責任について」聞いたが，就労，在留に関する手続きを行い，コンプライアンスを確保すべきという回答が真っ先にあがってきた。労働法規，入管法も守ることが全てに優先するのである。また住宅の確保や日本語教育なども外国人を受け入れる企業にとって重要な課題であるとの回答が得られた。この分野においても，企業の責任で支援すべきということである。本人の努力だけではなく，企業が相当，力を入れなければならないという考えが最近定着してきている証左だと思われる。

6 「第二次提言」の内容

以上のアンケート調査を踏まえつつとりまとめたのが,「第二次提言」である。以下, その概要を紹介したい。

(1) 官民の責任明確化

「第二次提言」では第一に, 官民の責任の明確化を訴えた。政府がさらに進展した事態を踏まえ, 基本方針を明示することが重要である。また日本経団連としては, 関係省庁間の一層の連携を図るために, 最初の「提言」と同様に, 内閣府に担当大臣を置くこと, さらには政府と自治体の連携を強化し外国人住民を支援する体制を整えること等を求めている。

他方, 受け入れ企業はコンプライアンス体制を強化し, 労働法令の遵守はもとより積極的に外国人の生活支援に取り組むことが求められる。企業が直接外国人を雇用していない場合であっても, 子会社や関連会社が外国人を雇用している場合は, これらとの連携を通じて社会的責任を果たしていくことが重要であり, その前提として国が実態に応じた受け入れのためのルール作りに取り組んでもらいたい。このような形で官民がそれぞれの責任を果たすことによって, 有効な受け入れ・管理体制を確立することがまず求められる。

(2) 労働市場のコントロール

第二に, 労働市場の的確な把握と受け入れのコントロールである。前述のとおり近年, 医療や福祉や企業等の現場から, いわゆる「技能者」の不足の声が高まっている。こうした状況を踏まえ外国人の技能者の受け入れ促進が期待されるところであるが, まずはそのための体制を整えること先決である。この点については, 海外において, いわゆる労働需給テストが行われ, 外国人が国内労働市場に与える影響を勘案した上で受け入れるケースが多いことは注目に値する。たとえばフランスでは, 各県の労働担当部局が地域の雇用情勢や30日間の求人募集の結果等を踏まえ, 外国人の受け入れが必要かどうか判断することになっている。わが国としても, 今後はこういった点

を参考にしつつ，制度設計を行っていく必要がある。

(3) 在留・就労管理の徹底

　第三に，外国人の在留・就労管理の徹底である。周知の通り，現状では一度外国人登録をしてしまえば在留状況を把握するすべがない。つまり外国人が居住地を変えてしまえば，どこでどのような生活をしているのか自治体が把握することは困難である。そこで「第二次提言」では，外国人登録制度と住民基本台帳制度の連携を図り，在留状況を把握するよう提案した。現在，法務省において，いわゆる「在留カード」への一本化に向けた検討が進められており，その結論に期待しているところである。

　一方，就労管理の面では，現行の「外国人雇用状況報告」を見直し，受け入れ企業に対して報告を義務化することで不法就労の防止，雇用保険の加入促進等を図る必要があると提案したが，この点は，改正雇用対策法によりすでに措置された。

　これらについては，規制改革・民間開放推進会議の第三次答申においても言及されている。外国人を住民としてとらえ，彼らへの行政サービスを提供する，また職場において適正な待遇や人権を確保する観点からも，早急に解決すべき課題である。

(4) 受け入れ国・送出し国双方の利益確保

　第四に，受け入れ国・送出し国双方の利益の確保である。より良い職場を求め能力の発揮を望む人材に対し，国境を越えて働く場を提供することは，本人ならびに受け入れ企業の双方にメリットがあることは言うまでもない。海外で働いた人材の技術，技能，見識のほか，彼らからの送金等は送出し国の発展にも寄与する。したがって，国境を越えた人の移動はもはや止めることのできないものである。高度人材については，日本での就労が魅力的なものとなるよう，環境整備を急ぐ必要がある。他方，技能者については，継続的な受け入れが可能となるよう，秩序ある制度の構築が必要である。そこで日本経団連は，二国間協定による送出し国の責任明確化やODAを活用した現地におけるキャパシティ・ビルディング等を通じ，わが国と送出し国の双

方が納得づくで，しかも利益のあるかたちで人の移動が認められるシステムの確立を求めている。

このように日本経団連では，外国人の受け入れは秩序あるコントロールされたシステムが導入されることを念頭において推進を訴えている。また，外国人の多様な価値観，ノウハウをわが国に採り入れることで，経済社会を活性化させることを主眼としている。看護師・介護士のほか，一部の製造業における技能者等，人材不足に直面している分野については，アジア諸国を中心にEPAや人の移動に特化した二国間協定のスキーム等を活用し，秩序ある受け入れを実現すべきである。

7　結び ― 改めて，外国人住民に対する生活支援を求める

2004年の「提言」でも強調したが，「第二次提言」でも，外国人を地域社会として受け入れる以上，住民としての外国人に対する生活支援をしっかり行う必要がある旨を訴えている。企業内転勤や企業との雇用契約に基づく受け入れの場合には，住宅の確保や子どもの教育等について，受け入れた企業が責任をもつことは言うまでもない。

より問題なのは，日系人の受け入れの場合であろう。日系人については，前述のとおり，企業との雇用契約とは関係なく，身分の資格でわが国に入国・在留できる。そのため所得が得られる見込みがないまま来日し，生活がなかなか安定しないケースも多々みられる。

このような場合，もちろん本人の自助努力が必要であるが，地域をベースに日本語教育や住宅の斡旋，子弟教育等の面で支援を行うことも重要であり，そのために相応の資金が必要となる。これを確保するため，地域ごとに，国，自治体に加えて，自発的に民間企業等が資金を拠出し，NPO等がこれを活用できるスキームを創設することが必要なのではないかと考えている。

日本の側では，官民の連携により外国人にとって住みやすい環境を整えることが何よりも重要であるが，外国人にもわが国のルールや生活習慣を理解してもらい，また日本語を習得して，責任ある言動に努めてもらうことが必

要である。双方の取り組みによって相互理解が深まり，日本型の多文化共生社会が形成されることを切に望むものである。

国会・国会議員関連での日本語教育に関する施策

(1) 外国人学校及び外国人子弟の教育を支援する議員の会

　2008年6月11日に「外国人学校及び外国人子弟の教育を支援する議員の会」が「中間とりまとめ・提言」(http://hasenet.org/)をまとめ，財務省・文部科学省に提出した。この会は，自民党・公明党の与党有志54名から構成され，会長は河村建夫自民党衆議院議員（麻生内閣での内閣官房長官），幹事長は山下栄一公明党参議院議員，事務局長は馳浩自民党衆議院議員である。現段階は，中間とりまとめということなので，項目のみ掲げることにする。

1. 外国人児童生徒の教育に関する基本方針の策定等
    ① 外国人児童生徒の教育に関する基本法策定の必要性
    ② 学習指導要領の見直し
2. 外国人学校への支援
    ① 「外国人学校支援法」(仮称)の制定
    ② 各種学校認可の審査基準の緩和等
    ③ 寄付金税制優遇―特定公益増進法人(特増)・指定寄付金制度の適用
    ④ 無認可校への廃校等の無償貸与に係わる国庫納付金の免除
    ⑤ 外国人学校の実態把握の徹底
    ⑥ 外国人学校への進学定期割引の適応の拡大
    ⑦ 外国人学校の母国からの支援要請
3. 公立学校における外国人児童生徒への教育の充実
    ① 外国人子弟の不就学等に関する全国調査の実施及び就学実態を学校教育調査に入れること
    ② 外国人児童生徒の受け入れ促進事業の予算拡充
    ③ 学校内日本語指導の指導体制の整備・充実

④　日本の学校への進学問題の克服
　　⑤　多文化共生教育の必要性
　　⑥　外国人学校と教育委員会，公立学校等との連携の促進
　4．日本語教育の充実
　　①　「世界の言語の中の日本語」の観点から日本語教育の質の向上と主務官庁の特定
　　②　「生活者としての外国人のための日本語教育事業」の予算拡大
　5．その他
　　①　経済界と協力しての国等の基金創設
　　②　地方交付税措置の拡充
　　③　在留更新等におけるインセンティブ
　現在，国会議員レベルで最も着実に，積極的に動いている議連なので，今後の活動に注目していきたい。

(2)　自民党外国人材交流推進議員連盟

　2008年6月12日に「人材開国！日本型移民政策の提言」という中間とりまとめを行って，多くのマスコミで取り上げられている。国会議員レベルで「移民」という用語を使っての構想という点では注目されるが，その実施にあたっては相当の困難が感じられる。この提言はGoogleで検索をかけても出てこないので，以下に資料として項目のみを列挙する。
　Ⅰ　政策の理念
　　1．移民立国で日本の活性化を図る
　　2．日本文明の底力を活かす
　Ⅱ　日本型移民政策の骨格
　　1．日本人口の10％を移民が占める「移民国家」へ
　　2．育成型移民政策を推進する
　　　1）　留学生100万人構想
　　　2）　外国人職業訓練制度の新設
　　　3）　外国人看護師・外国人介護福祉士育成プランの推進

4）日本語＆日本文化センター (Japan LCC) の創設と拡充
　3．日本型移民政策の基盤整備
　　　1）入管法および国籍法の改正
　　　2）移民の受け入れおよび外国人の社会統合に関する基本法の整備
　　　　（3 年以内に実施）
　　　3）外国人住民基本台帳制度の創設
　　　4）経済連携協定等に基づく移民の受け入れ
　　　5）移民庁の創設
　4．社会統合・多民族共生のための施策
　　　1）法制面の整備（3 年以内に実施）
　　　2）施策面での整備（3 年以内に実施）
　　　3）日本人の意識改革（3 年以内に実施）
　5．人道的配慮を要する移民の受け入れ（3 年以内に実施）
Ⅲ　直ちに取り組むべき事項
　ここでは，第一に「深刻の度を増している定住外国人の子どもの教育，特に南米からUターンしてきた日系移民の子どもに対する日本語教育の徹底」を挙げている。

　移民を人口の 10％ 受け入れた場合に地域で起こるさまざまな問題点にふれずに構想している点，留学生 100 万人構想の現在の日本の大学の受け入れ態勢における困難性，「同化」に近い意味を持つ「社会統合」という用語の不透明性，「多民族」という用語の曖昧性等々，多くの問題点を持つ提言である。

(3) 少子高齢化・共生社会に関する調査会

　参議院調査会の 1 つで，民主党 12 名，自民党 4 名，公明党 2 名，共産党 1 名，社民党 1 名から成る調査会 (http://www.sangiin.go.jp/japanese/chousakai/08_shoushi/index.htm) で，2007 年 10 月から 2008 年 6 月までに 12 回開かれている。日本語教育関係者としては，2008 年 4 月 9 日に早稲田大学の川上郁雄氏が意見を述べている。また，2008 年 2 月には静岡県と

愛知県へ実情調査に行き，ブラジル人学校やヤマハ発動機株式会社 IM カンパニーも訪問している。この調査会が 2008 年 6 月 4 日に「少子高齢化・共生社会に関する調査報告（中間報告）」(http://www.sangiin.go.jp/japanese/chousakaihoukoku/08_all/shoushi2008.pdf) を出している。そこには，各省庁からのヒヤリングを受けたあと，前記川上氏のほか，関西学院大学の井口泰氏や新宿区長中山弘子氏などから意見を聞き，「外国人との共生についての提言」を行っている。その中から，日本語教育関係の事項のみ抜き出すことにする。

- 我が国の外国人政策は，労働力不足を背景にして既成事実が先行する形で進められてきた経緯があるが，外国人が単なる出稼ぎではなく定住化する傾向が顕著となっている現状にかんがみ，我が国の将来に問題を生じさせないためにも再検討することが必要である。その際，外国人の入国に際しての日本語能力の確認，子女の日本語教育を促すような制度設計，運用が図れるよう配慮すべきである。
- 外国人が有する多様な技能，経験等の活用は，我が国の経済，産業の活力を維持するためにも有効であり，専門性や高度な技術を有する人材を中心にした受け入れを今後とも進めるべきである。また，慢性的な人手不足が予想されている分野等については，一定の技能，資格，日本語能力等を要件にした，段階的な外国人の人材受け入れ拡大も検討すべきであるとの意見もある。その前提として，日本人の雇用に配慮して，産業や地域の実情を直視した国民的な議論を深化させることが必要である。
- 外国人の子女に対する教育に当たっては，教育を受けることが本人の権利であるとともに，親の移動等に伴う来日が子女の主体的意思によらない教育環境の変化であることも踏まえ，十分な配慮がなされるべきである。その際，第二言語としての日本語，学習言語としての日本語の教育を念頭に置くべきであり，言葉の発達段階等を知悉した専門的な教員の養成・配置が求められる。また，保護者等の参加や協力が得られるよう支援すべきである。
- 外国人児童生徒への日本語指導に当たっては，生活言語能力だけでな

く，十分な学習言語能力を習得させることが必要であり，日本語習得の段階を的確に把握する手法の開発・活用と，学習言語能力が不十分な外国人児童生徒の実態のより詳細な把握が求められる。

少子高齢化と共生社会という二つの用語からイメージする調査会ではなく，外国人との共生のあり方を探る調査会である。この調査会が今後どのような政治的な活動をするのかは不明であるが，参議院の中の1つの調査会にこのような調査会ができたことは注目に値する。参議院の『立法と調査』No.283 (08年7月) に第三特別調査室の筒井隆志によるこの中間報告をまとめた「外国人との共生について」という記事がある。

(4) 規制改革会議

2008年7月2日の規制改革会議に出された「中間とりまとめ―年末答申に向けての問題提起―」(http://www8.cao.go.jp/kisei-kaikaku/publication/index.html#opinion4) の中の「4 国際競争力向上 (1) 海外人材分野」の項に「c 外国人成人の日本語能力の認定及び在留資格要件としての考慮」として，注目すべき記述があるので，その部分を全文引用する。

> 総務省が設置した「多文化共生の推進に関する研究会」による「多文化共生の推進に関する研究会報告書」(2006年3月) における定義によると，「多文化共生」とは，「国籍や民族などの異なる人々が，互いの文化的ちがいを認め合い，対等な関係を築こうとしながら，地域社会の構成員として共に生きていくこと」とされている。しかし，文化を異にする人々が，容易に文化的違いを認め合い，対等な関係を築けると考えるなら，それは現実とは程遠い。人々の間には依然として言語の壁が存在することから，それを克服する制度的インフラの整備なくしては，「多文化社会 (Multicultural society)」は成立せず，ノーベル経済学賞受賞者であるアルマティア・センの言葉でいうところの「複数の単文化社会 (Plural monocultural society)」を地域で生み出す危険を増大させるだけである。それは，相互に理解しあうことのできない文化の異なる集団の

存在する社会であり，何か相互の誤解や摩擦が発生した際には，一触即発の危機が生じかねない不安定な社会である。従って，社会における言語の壁を少しでも低いものとすべく，在留外国人の日本語能力向上に資する制度的インフラを整備し，在留外国人の日本語習得をサポートする体制を構築することが，真の多文化共生社会の実現のためには死活的に重要である。

その検討に際しては，これまで日本語の習得に熱心な外国人に対して入管法上なんら有利な取り扱いをしてこなかった点を改め，日本語の能力を在留資格の変更，在留期間の更新の際の確認事項とすることで，外国人への日本語習得の動機付けを行うことを検討すべきである。この際，日本語能力を在留資格の欠格事項とはせず，例えば，その能力に応じて許可される在留期間を延長することなど，その能力がポジティブに評価される仕組みを検討すべきである。

併せて，外国人の日本語能力の判定基準の構築に関しては，現在，日本語能力を判定する試験が各種ある中で，例えば既存の日本語能力試験は，かならずしも外国人が日本で自立するために必要な能力を検定することを目的に開発された試験ではなく，実施の頻度（年１回）や国内受験料金（5,500円）などの面でも活用しにくいとの指摘もあることから，住民としての外国人が必要とする日本語能力を測る新たな判定手法の開発を進めるべきである。なお，その開発に当たっては，以下のステップに基づき法務省以下関係省庁が連携し，早急に結論を得るべきである。①我が国で長期に生活又は就労する際に最低限必要な日本語レベルを定義する。②①で定義された日本語レベルを測定する手法を開発する。③開発された日本語試験を受験し，一定のレベルを上回る成績を残した外国人に対しては，在留資格要件の緩和を行う。

なお，開発された日本語試験において一定のレベルを下回った外国人に対しては，日本語講習への参加を奨励し，生活又は就労に必要な日本語の取得を後押しすべきである。また，在留外国人の日本語能力向上は地域社会にとっても利益があるところ，日本語講習の受講を奨励するために，一部費用の負担を公的な援助により賄うことも併せて検討すべき

である。

コメント

　規制改革会議の「中間とりまとめ」には，従来のような「多文化共生」の発想法には限界があるということ，日本に住む外国人の在留資格チェックの際に使う日本語の試験は新しく開発すべきこと，日本で生活・就労する際の最低限必要な日本語レベルの設定など，注目すべき点が多い。この新しい日本語試験という提案に日本語教育関係者はどう応えていくのであろう。

　このほか，日本語教育に関係した発言をしているいくつかの議員連盟もあるが，ここでは取り扱わない。

　なお，2009年1月9日内閣府に「定住外国人施策推進室」が設置され，担当は小渕優子少子化担当相である。2月には「定住外国人施策推進会議」(仮称)が発足するという。

　2009年の政局の行方は見通しがつかないが，ここでふれたような国のレベルの施策は今後の日本語教育施策の方向を見極めるのに大事なことなので，注目し続ける必要がある。

省庁を横断する
日本語教育に関わる外国人施策

(1) アジア人財資金構想

　経済産業省と文部科学省が，アジアの相互理解と経済連携の促進に向けて 2007 年から実施している。財団法人企業活力研究所は，その事業の 1 つとして「人材関連事業・研修事業」でこの構想のサポートセンターの役割を担当している。この構想の中には，「専門教育プログラム」，「日本ビジネス教育」，「社会人基礎力の養成」，「インターンシップ」，「就職支援」と並んで「ビジネス日本語教育」という項目がある。具体的にどのようなことが行われているかを，2008 年度の中部地区での「高度実践留学生育成事業」（http://www.ajinzai-sc.jp/con_04.html）でみることにする。この地区は管理法人として社団法人中部産業連盟が，プログラム参加大学として名古屋大学・名古屋工業大学・豊橋技術科学大学・岐阜大学・三重大学・富山大学・金沢大学・北陸先端科学技術大学院大学が関わっている。しかし，ウェブ上で情報を公開しているのは名古屋工業大学だけで，金沢大学は広報誌にこの事業の紹介があるのみである。名古屋大学は，この事業に採択されたという記事が出ているだけで，どのようにこの事業に関わっているかはわからない。

　中部地区の「プログラムの概要」によれば，ビジネス日本語では以下のようなことを扱うとある。

- 相手との関係，場面，目的に応じて適切に使い分けられるコミュニケーション能力を身につけます。
- 電話対応，メールなど非対応型コミュニケーション能力の向上を図ります。
- ビジネス文書読解力および作成能力を身につけます。

これに関連して，2008年5月23日の経済財政諮問会議に甘利議員から出された経済産業省・環境省の「『アジア経済・環境共同体』構想」(http://www.keizai-shimon.go.jp/minutes/2008/0523/item17.pdf) でも，「ERIA リーダーズ・プログラム」としてアジアからの留学生を日本に呼ぶことが書かれている。その具体策として，2008年8月28日の東南アジア諸国連合の経済閣僚会議で二階経済産業大臣が「次世代リーダーズ・プログラム」を提案した。その第一弾として，東アジア・ASEAN経済研究センターと東京大学・早稲田大学・政策大学院大学・立命館大学が連携して，5年間で75名に留学生を受け入れることになった (読売新聞2008年8月27日)。ただし，これらの大学がどのようにして選ばれたのかは，新聞記事には出ていない。

　また，2008年12月2日には第1回高度人材受入推進会議が首相官邸で開かれている (http://www.kantei.go.jp/jp/singi/jinzai/dai1/gijisidai.html)。

　なお，経済産業省2009年度予算の概算要求では，この構想に34億円 (昨年は33億円) が計上されている。また，日系企業での外国人材活用の裾野拡大支援に1.6億円 (新規) を関連する厚生労働省の同年予算では，「外国人指針に基づく雇用管理改善の一層の推進」として9700万円，「ハローワークを中心とした日系人向け相談・支援機能の強化」として16億円計上している。

コメント

　最近，ビジネス日本語のことがいろいろなところで話に出るが，何をもってビジネス日本語と言うのかの日本語教育関係者の共通理解ははっきりとはしないまま進んでいると思っている。名古屋工業大学では，AOTSの教材を使っていると書かれているが，その教材は著作権の関係もあり公開されていない。せっかく大部な教材を用意しているのに公開されないのは，日本語教育研究におけるビジネス日本語分野の研究のためにももったいない。何らかの形での公開を期待している。AOTSの「アジア人財資金構想共通カリキュラムマネージメント事業」のサイトでは，「平成18年度　構造変化に対応した雇用システムに関する調査研究 (日本企業における外国人留学生の就

業促進に関する調査研究）報告書（http://www.meti.go.jp/press/20070514001/gaikokujinryugakusei-hontai.pdf）が公開されている。これは，詳細な企業の就職担当者へのヒアリングやアンケート調査，元留学生へのアンケート調査が載せられており，従来の日本語教育におけるビジネス日本語に関する文献調査の分析もあり，巻末には多量の研究論文リストが挙げられている。これに関連して，経済産業省経済産業政策局産業人材政策担当参事室も「『グローバル人材マネジメント研究会』報告書」（http://www.meti.go.jp/press/20070524002/20070524002.html）を出している。

　ビジネス日本語については，日本貿易振興機構（JETRO）が実施しているBJTビジネス日本語能力テストが実績を積んできた。しかし，2006年11月の総務省政策評価・独立行政法人評価委員会で廃止・民間移管の勧告が出て，同年12月の行政改革推進本部で了承されたことから，2009年度からは日本漢字能力検定協会が継承することとなった。このテストは1996年から実施され，読解・聴解・聴読解の3部構成の試験と口頭インタビュー試験（2008年度は実施しない）があり，2006年度は7361名が受験している。このテストは，2007年12月に外国人が日本に入国する際の在留資格認定証明書交付申請の審査の参考として採用され（これは，高村外務大臣の発言以前に決定されている），また2008年度からは中国7都市（北京，上海，大連，瀋陽，広州，天津，青島）でも実施されることになっていたので，JETROのこれまでの努力を考えると，移管されることになったのは残念である。今後日本漢字能力検定協会がどのようにこの事業を継承していくかを注目したい。

(2)　外国人研修・技能実習制度

　これについては，すでに多くの研究・報告がなされていて，その一部については『外国人の定住と日本語教育［増補版］』（田尻英三・田中宏・吉野正・山西優二・山田泉，ひつじ書房，2007）に挙げているのでごらんいただきたい。2008年1月には，衆議院調査局法務調査室による「外国人研修・技能実習制度の現状と課題」（http://www.shugiin.go.jp/itdb_rchome.nsf/html/

rchome/Shiryo/houmu_2008.pdf/ ＄File/houmu_200801.pdf) が出されていて，外国人雇用制度のデータだけではなく，各種の提言 (政府機関，経済団体など) とその主な論点を整理してくれていて，大変有用である。現在，経済産業省・厚生労働省・元法務大臣の長勢私案などで見直しが検討されているので，その詳細にはふれない。第10回の厚生労働省の研修・技能実習制度研究会 (2008年1月30日) の資料3に各提言の比較一覧表がでている (http://www.mhlw.go.jp/shingi/2008/01/s0130_18.html)。なお，長勢案については，2008年7月に自由民主党国家戦略本部外国人労働者問題PTから「『外国人労働者短期就労制度』の創設の提言」(http://www.jil.go.jp/kokunai/mm/siryo/pdf/20080725.pdf) が新しく出されている。

　この事業を担当している財団法人国際研修協力機構 (JITCO) の事業についてふれる。JITCOは，法務省・外務省・厚生労働省・経済産業省・国土交通省の5省共同所管の公益法人である。JITCOのホームページには，「研修生・技能実習生が我が国で安全かつ健康な生活を送り，産業上の技術・技能・知識を確実に修得するためには，日本語を理解できるようになることが極めて重要です。」とある。この日本語の授業は「中小企業日本語教育支援助成金」の支給を受けているので，以下のような用件を満たす必要があるとなっている (日本語教育に関するものだけを引用)。

・日本語教育を受講する研修生が技能実習を予定していること。
・日本語教育が外国人研修の集合研修の一部として実施されること。
・日本語教育がJITCOに登録・公表された日本語教育機関の中から中小受け入れ機関の自由な選択により選定した日本語教育機関に委託して行うものであること (このあとに，日本各地の日本語教育機関名が住所・宿舎の有無・特色などとともに列挙されている)。
・日本語教育のカリキュラムの内容が適切であること。
・1日の教育時間は6時間，連続して教育を行う日数は5日間を標準とする。ただし，やむをえない場合は，1日の教育時間は最大で8時間，1週40時間を限度とすること。
・日本語教育が通算して60時間以上行われるものであること。
・1クラスの編成人数は，20名以内とすること。ただし，当分の間1ク

ラスの編成人数が21～30名であっても申請を受理することとする。
「日本に派遣される前の日本語を含む教育については，特段の定めはなく，研修生・送り出し機関・受け入れ機関等関係当事者の判断，契約に委ねられています」となっているが，それでは不足と思った場合は，「研修生派遣前日本語教育ガイドライン」によって日本語の勉強ができるようなガイドラインがある。そこには，「研修生の日本語学習到達目標」として「修得する日本語の範囲は，できるだけ研修・技能実習に必要なものに限定し，研修・技能実習生活に必要な基礎的『言葉』を理解し，使えることを最終目標に設定すべき」としている。そのあと，「教育すべき日本語の範囲」，「日本語教育指導員の配置」，「日本語教育テキスト・教材の作成と利用」，「指導上の留意点」が挙げられ，「日本語教育期間・時間」では，「個人差を勘案しつつも1～3か月をかけて，最低でも累積200時間程度の授業を実施することが必要」とされている。また，「日本語教育カリキュラムの作成」や「日本語試験の実施と修了証の交付」も付されている。資料として，『外国人研修生のための日本語』や『外国人研修生のための専門用語対訳集』などのほか，JITCO監修で社団法人国際日本語普及協会作成の『じっせん　にほんご（技術研修編）』，『あたらしい　じっせん　にほんご（技術研修編）』，JITCO推薦でTOPランゲージ作成の『にほんご100時間』や『すぐつかえるにほんご（中国語版）』などが挙げられている。
　なお，経済産業省2009年度予算の概算要求では，「外国人研修・技能実習制度適正化指導事業等」として新規に0.9億円，厚生労働省の同年度予算では，「外国人研修・技能実習制度の見直しと適正化」として6.4億円計上している。

コメント

　前に挙げた「外国人研修・技能実習制度の現状と課題」では，2006年の事業所の不正行為認定の件数は，企業単独型で4.8％，団体監理型で95.2％にのぼるという報告がある。2006年5月に出た独立行政法人労働政策・研修機構の調査シリーズ『ものづくり現場における外国人労働者の雇用

実態に関する調査結果』(http://www.jil.go.jp/institute/research/documents/research019.pdf)や 2007 年 3 月に出た中部経済産業局地域経済課の『東海地域の製造業に働く労働者の実態と共生に向けた取組事例に関する調査報告書』(http://www.chubu.meti.go.jp/koho/pless_bkn/200705/190510_rodo.pdf)も参考になる。

　なお，JITCO のホームページの「日本語教育実態調査」(http://www.jitco.or.jp/nihongo/enjo_jittai.html) に「外国人研修生日本語教育実態調査結果報告」や「外国人研修生派遣前日本語教育実態調査結果報告」などの多くの報告書が出ている。JITCO の研修を批判するなら，このような報告書も読んでおく必要がある。

　かねてより問題のあると言われている集団監理型での受け入れを始めとして，この制度自身に日本語教育の面でも多くの問題があることを指摘しておく。この制度では，仕事に必要な日本語を理解することが第一の目標のように思える。そこには，その日本語を使って生活する外国人の立場はまったく考慮されていない。日本語教育にかける時間も派遣前のガイドラインでは 200 時間必要とされているのに，日本国内での日本語教育にかける時間は 60 時間以上と極端に短い。JITCO の調査報告では，派遣前の日本語教育について出身国の送り出し機関にアンケートをしていて，そこでは 56.3％が問題なしと答えている。41.8％の機関が具体的な問題点を指摘して問題があると答えたにもかかわらず，「各送り出し機関はほぼ JITCO のガイドラインに沿った派遣前研修を行っていることが明らかになった」(http://www.jitco.or.jp/nihongo/nihongotyousa.html) とあるのは，理解できない。技能実習生に移項するまえに受けなければいけない技能検定基礎 2 級や JITCO 認定評価システム初級についても，日本語教育関係者にわかるような情報開示がほしい。派遣前に日本語の授業を受けていない場合，日本語がわからないまま日本に来て 60 時間程度の日本語教育の時間だけで，日本で生活できるはずがない。このシステムは作られた当初から問題があったと言うべきである。いずれにせよ，社会保険等の問題とともに，至急外国人のためになるシステムに変えていってほしい。

　なお，この問題に関連して，以下のような提言や報告が出されている。

- 2007 年 9 月　労働市場改革専門委員会　「労働市場改革専門委員会第 2 次報告」(http://www.keizai-shimon.go.jp/special/work/13/item1.pdf)
- 2008 年 1 月　岐阜県・愛知県・三重県・名古屋市　「外国人労働者の適正雇用と日本社会への適応を促進するための憲章」(http://www.pref.aichi.jp/0000009997.html)
- 2008 年 4 月　国立国会図書館サービス関連情報　レファレンス No.687 「外国人労働者問題の諸相―日系ブラジル人の雇用問題と研修・技能実習制度を中心に―」(http://www.ndl.go.jp/jp/data/publication/refer/200804_687/068702.pdf)
- 2008 年 6 月　日本商工会議所　「外国人労働者の受け入れのあり方に関する要望」(http://www.jocci.or.jp/nissyo/iken/080619fw2.pdf)
- 2008 年 7 月　独立行政法人労働政策研究・研修機構　JILPT 資料シリーズ No.46　『諸外国の外国人労働者受入れ制度と実態 2008』(http://www.jil.go.jp/institute/chosa/2008/documents/046.pdf)
- 2008 年 9 月　社団法人日本経済調査協議会「外国人労働者受入れ政策の課題と方向～新しい受入れシステムを提案する～」(http://www.nikkeicho.or.jp/report/kono080916_all.pdf)
- 2008 年 10 月　社団法人日本経済団体連合会「人口減少に対応した経済社会のあり方」(http://www.keidanren.or.jp/japanese/policy/2008/073.pdf)

3　留学生 30 万人計画

　2008 年 1 月 18 日の第 169 回国会の施政方針演説 (http://www.kantei.go.jp/jp/hukudaspeech/2008/01/18housin.html) において，福田康夫前内閣総理大臣が「開かれた日本」という項目の中で「新たに日本への『留学生 30 万人計画』を策定し，実施に移すとともに，産学官連携による海外の優秀な人材の大学院・企業への受け入れの拡大を進めます」という表明があり，驚かされた。留学生 10 万人計画は達成されたが，2006 年には前年度比 3885 人，3.2％の減で右肩上がりの傾向は止まり，2007 年度は 571 人，0.5％増でわずかに持ち直したにしても，留学生総数は 118498 人で 2005 年までの留学生の増

加傾向とは明らかに違ってきていたからである(独立行政法人日本学生支援機構の調査, http://www.jasso.go.jp/statistics/intl_student/data07.html)。来日する留学生が減る傾向を示し始めたなか，一気に留学生を30万人入学させるという計画はどのように立てられ，その実施にはどんな問題があるかを日本語教育の立場から述べてみる(2008年度は123829人と4.5％の増加である)。

　この所信演説の数日前に当時の文部科学副大臣松浪健四郎氏のところへ総理官邸から打診があったと松浪健四郎氏の「健四郎代議士日記」に書かれている(http://www.kenshirou.com/diary/diary.cgi?mode=print&date=08025)。文部科学省におけるこの計画の検討はどのように行われたかを，時間軸に沿ってみていく。ちなみに，2007年5月25日に開かれた第22回国立大学日本語教育研究協議会に出席した文部科学省高等教育局学生支援課留学生交流室専門職の佐野進氏は，全体討議での質問(「アジアゲートウエイ構想」や教育再生会議での留学生増の目標について)の答えとして「最近，留学生の10万人計画を達成したあとの数値目標を求められている。しかし，文科省としては，量的な拡充に関しては，大学の受け入れの限度があり，そのあたりを総合的に判断しながら，中教審などで議論する予定である。この数値目標(田尻注：アジアゲートウエイ構想の25万人や教育再生会議の100万人という数字)は，今のところ承知していないものである。数だけ増やしていけばいいというものではない。どのような数字が適当かということを踏まえながら議論していきたい」と発言している。極めて，穏当な発言である。この段階では，文科省の留学生担当部局では，具体的な数値目標は検討していないのである(http://www.kokunichi.main.jp/kokunichikyo/07zentai2.html)。

　なお，この翌年開かれた第23回国立大学日本語教育研究協議会の2008年5月23日の会議では，留学生30万人計画はテーマとしては取り上げられていない。

2007年10月　「平成18年度文部科学省先導的大学改革推進経費による委託研究　留学生交流の将来予測に関する調査研究」(以下，「調査研究」と略称)が出される(「ごあいさつ」の文によると，同年9月24日

に原稿が校了しているようである。なお，この調査は2006年度の委託研究である）。この「調査研究」では，2025年を目途に30万人計画を設定している。

2007年10月29日　「留学生ワーキング・グループ」の設置が決まる。ただし，このワーキング・グループの所掌事務は「今後の留学生交流の在り方に関する事項について，専門的な調査審議を行う」とだけある。

2007年12月25日　文部科学省中央教育審議会大学分科会制度・教育部会留学生ワーキンググループ（第1回）が開かれる。ちなみに，この回では2006年に留学生・就学生が減ったことが議題にのぼっている。そして，留学生を多く受け入れる場合の問題点も話し合われている。

2008年1月18日　福田前内閣総理大臣施政方針演説

2008年1月24日　留学生ワーキング・グループ（第2回）が開かれる。ここで，前に言及した「調査研究」が資料として提出され，留学生30万人計画の検討が始まる。

2008年1月30日　「留学生特別委員会」の設置が決定。

2008年2月22日　大学分科会留学生特別委員会（第1回）が開かれる。委員は，ワーキング・グループのメンバーのほか，新たに3名に委員が加わる。「『留学生30万人計画』の骨子」の検討が始まる。2025年を目途にした大学教育の将来像を検討する「教育振興基本計画」特別部会の資料も配布される。

2008年3月18日　留学生特別委員会（第2回）が開かれる。「『留学生30万人計画』の骨子をとりまとめるにあたっての検討課題（案）」を検討

2008年3月31日　留学生特別委員会（第3回）が開かれる。「『留学生30万人計画』の骨子をとりまとめるための検討課題（案）」を検討。その中に「達成すべき時期についてもおおよその時期を明示する必要があるのではないか」という記述がある。

2008年4月14日　留学生特別委員会（第4回）が開かれる。「『留学生30万人計画』の骨子取りまとめの考え方（案）」を検討。その中に「達成すべき時期については『2020年頃を目途に30万人を目指す。』とす

ることが適当」という記述がある。
2008年4月18日　中央教育審議会に「教育振興基本計画について—『教育立国』の実現に向けて—（答申）」が出て，その中の「特に重点的に取り組むべき事項」の1つに留学生30万人計画が挙げられる。
2008年4月25日　留学生特別委員会（第5回）が開かれる。「『留学生30万人計画』の骨子取りまとめの考え方」を検討。その中に「達成すべき時期については『2020年を目途に30万人を目指す。』とすることが適当」という記述がある。「頃」という1字が抜ける。
2008年5月9日　経済財政諮問会議で有識者議員提出資料として「教育の大胆な国際化を〜『留学生30万人計画』の実現に向けて〜」が出されていて，「グローバル30（国際化拠点大学30）の選定」が提言されている。この内容は，20日に出した教育再生会議の内容と多少異なっている。この日の会議では，「高度人材の受け入れ」についていろいろな案が出されている。
2008年5月12日　留学生特別委員会（第6回）が開かれる。アジア人財資金構想や主要国における留学生受け入れ政策などの資料も配布される。
2008年5月19日　留学生特別委員会（第7回）が開かれる。「『留学生30万人計画』の骨子取りまとめの考え方に基づく具体的方策の検討（たたき台）」などを検討。
2008年5月20日　教育再生会議に「教育振興基本計画に関する緊急提言」が提出される。その中に「『留学生30万人計画』に国家戦略として取り組む」という記述があり，先進的な重点大学を30校選び重点的支援を行うこと（留学生を学生数の2割以上入れることなどの取り組みを書き入れている）などがふれられている。
2008年6月5日　留学生特別委員会（第8回）が開かれる。「『留学生30万人計画』の骨子取りまとめの考え方に基づく具体的方策の検討（案）」を検討。
同日　自由民主党留学生等特別委員会は「国家戦略としての留学生30万人を目指して」を了承した。

2008年6月23日　留学生特別委員会（第9回）が開かれる。「『留学生30万人計画』の骨子取りまとめの考え方に基づく具体的方策の検討」を検討。

2008年6月27日　経済財政諸問会議で「経済財政改革の基本方針2008〜開かれた国，全員参加の成長，環境との共生〜」が承認され，その中には「教育の国際化」として「留学生30万人計画を策定し，具体化を進める」とある。

2008年7月1日　「教育基本計画」が閣議で了承される。その中に「今後10年間」，「今後5年間」に取り組む施策が挙げられ，またその中でも「特に重点的に取り組む事項」としても留学生30万人計画が挙げられている。

2008年7月29日　文部科学省・外務省・法務省・厚生労働省・経済産業省・国土交通省の連名で「『留学生30万人計画』骨子」が公表される（http://www.kantrei.go.jp/jp/tyuokanpress/rireki/2008/07/20kossi.pdf）。「海外における日本語教育を積極的に推進」，「国際化の拠点となる大学を30選定」，「英語のみのコースを大幅に増加」などの記述が見られる。

文部科学省の2009年度予算の概算要求に，「『留学生30万人計画』と大学の国際化」という項で総額647億円が計上され，そのうち新規事業の「大学の国際化の推進」として150億円が計上されている。また，「留学生の受入れ環境・就職の充実」として前年度64億円増の455億円「海外での情報提供及び支援の一体的な実施」として25億円（そのうち日本留学試験については実施都市を16か18へ増加することや試験問題の多言語化などのために5億円）も計上されている（http://www.mext.go.jp/b_menu/houdou/20/09/08082905/001.pdf）。「高等教育局主要事項」には『留学生30万人計画』関係省庁平成21年度予算概算要求主な事項」として各省庁の取り組みや具体的施策例（案）が挙げられていて，国立高等専門学校の国際化として9.6億円も計上されている。厚生労働省でも同年予算の「『留学生30万人計画』に基づく国内就職促進の加速」として4億円計上している。

コメント

　「調査研究」が委託された 2006 年に留学生問題を扱っていたのは，第 3 期の大学教育部会であった。この部会の第 2 回から第 8 回まで大学教育についての意見発表が行われている。第 4 回 (5 月 15 日) では，東京医科歯科大学の江藤一洋氏の資料に受け入れ数の問題については何度も言及される IDP Education Australia の試算になる 2025 年世界の留学生数 700 万人超えが引用されていて，立命館大学の谷口吉弘氏も留学生の量的拡大にはふれているが，具体的な数字は出していない。第 5 回 (6 月 6 日) では，「調査研究」の研究代表者の当時一橋大学 (現明治大学) の横田雅弘氏も「アジア諸国の留学生政策と日本の大学〜アジア・インタビュー調査と日本の大学アンケート調査の結果から〜」という意見発表の中で「外国人高度人材の獲得と育成のために」という提言をしているが，そこでは留学生数には全くふれていない。当日の議事録に留学生政策の見直しの必要性にふれた委員がいる程度である。しかし，実際には 2006 年のある時期に研究委託が行われ，2007 年 1 月から 3 月までの短い期間に「調査研究はおこなわれたのである (「調査研究」の「ごあいさつ」による)。2008 年官邸から松浪副大臣に諮られ，当時の福田総理大臣の施政方針演説となる。そのあとの留学生ワーキング・グループで留学生 30 万人計画の検討が始まるのである。田尻はこのような場合，どの程度の時間をかけて政府の施策決定が決まるのかは知らないが，ずいぶん急いで計画を立てたという印象は残る。

　今後の問題としては，はたして大学が留学生を 30 万人受け入れる態勢がとれるかということである。資金援助をもらったとしても，どれだけの大学が拠点大学に手を挙げるであろうか。田尻は，むしろ現在の大学で学んでいる留学生にまず満足をしてもらうような施策を出すことのほうが先ではないかと考えている。今来日している留学生の日本評価が高くなれば，将来おのずと留学生が増えてくるはずである。そのためにも，現在の大学における日本語教育の実態調査が必要である。今来日している留学生は，日ごろの大学の授業についていくのに苦労している。それは，大学教師の授業のやり方にも問題があるが，大学入学前に日本語教育機関で学んだ日本語と大学の授業

の日本語の違いに苦しんでいるのが実態である。英語を使う授業を受けたとしても，その留学生には生活のための日本語は必要である。留学生30万人計画を実現しようとすれば，大学の日本語教育のカリキュラムを再構築する必要がある。日本語教育関係者の研究に期待する。

　社団法人国立大学協会・公立大学協会・日本私立大学団体連合会は，2008年7月25日に「『留学生30万人計画』を実現し，優れた留学生を獲得するための緊急アピール」の中で政府の「シーリングの別枠として重点施策推進枠を設定するなど，必要な財政的措置」として，以下の3つの項目をアピールしている（http://www.janu.jp/meibo/080725appeal.pdf）。ただ，このアピールは社団法人国立大学協会のホームページに掲載されているだけで，公立大学協会ホームページの「過去の情報」には出ていないし，日本私立大学団体連合会ホームページにはこのような過去の情報を検索する機能が付いていない。私自身は私立大学で職を得ている者だが，この情報は知らなかった（Google検索で見つけた）。

1　政府は留学生が不安なく勉学に励むことができるよう，低廉かつ安心できる宿舎を確保すること。
2　政府は，留学生の奨学金についてその充実を図ること。
3　政府は，生活支援や就職支援など留学の入口から出口までの全段階にわたったきめ細かなサポートが可能となる体制の整備を図ること。

　このアピールは，留学生30万人計画に伴い，政府に予算的措置をアピールしているだけで，大学そのものがどのように受け入れ態勢を作るかという発想が見られない。

　当然，学内の体制整備の難しさを考えれば，宿舎や奨学金などの手当てですむはずがない。私は，大学自身の内部改革（大学教職員の意識改革を含めて）もなければ，留学生30万人計画など達成できないと考えている。

（4）　インドネシア看護師・介護福祉士候補生

　2007年8月20日に署名された日本インドネシア経済連携協定に基づいて，2008年8月からインドネシアからの看護師・介護福祉士候補者が来日

した。看護師は3年後，介護福祉士は4年後に日本人と同じ国家試験に合格しなければ帰国という厳しい条件を始めとして，インドネシアには介護福祉士という資格はないので看護学校卒業生が候補者になったことや，募集期間が短かったことなどの理由により，当初予定していた看護師候補者200名，介護福祉士候補者300名を大きく下回り，看護師候補者104名，介護福祉士候補者104名の合計208名の来日となった。そのうち3名は日本語能力があるとして日本国内での日本語研修はうけなくてもいいことになった。205名のうち，財団法人海外技術者研修協会（略称AOTS，経済産業省所管）が看護師候補者104名を3か所のAOTSの研修センターと神戸のニチイ学館で，介護福祉士候補者45名を1か所のAOTSの研修センターで引き受け，国際交流基金関西国際センター（外務省所管）が介護福祉士候補者56名を同センターで引き受けている。看護師候補者は国家試験を3回受けるチャンスがあるが，介護福祉士候補者は研修修了後でしか受験できないので国家試験受験のチャンスは1回しかない。6か月間の日本語研修ののち，34都道府県98の病院や会議施設で就労・研修をしながら国家試験合格を目指すことになる。受け入れの斡旋機関は，社団法人国際厚生事業団（略称JICWELS，厚生労働省所管）である。国家資格所得後は，引き続き滞在・就労が可能で更新期日の上限はない。

　なお，経済産業省2009年度予算の概算要求では，「フィリピン看護師・介護福祉士の日本語研修等」として，新規に16億円計上されている。厚生労働省の同年予算では，「経済連携協定に基づく外国人看護士・介護福祉士の円滑かつ適正な受入れ」として8300万円を計上している。外務省の同年予算では「インドネシア看護士・介護福祉士日本語研修事業」として8億円が計上されている。

コメント

　当初予定していたフィリピンからの看護師・介護福祉士候補者の来日はフィリピン政府の連携協定の批准が遅れているため，インドネシアからの候補者が先に来日した。なお，フィリピンでの日本との経済連携協定（フィリ

ピン人看護師・介護福祉士候補生の日本への受け入れ）は，2008年10月8日にフィリピン上院で批准された。田尻は30年近くインドネシアの日本語教育に関わっているので，特にいろいろな点が気になる。

　日本語研修を受けなくてもいいとなった3名は「日本語検定2級程度の日本語能力」を持っていることになっているが，その3名は日本留学経験者でホームヘルパー2級の資格を持っているので研修を免除されたと報道されている（徳島新聞，8月31日）。また，政府関係の資料にも，しばしば「日本語検定」という用語が出てくるが，「日本語能力検定試験」など存在しない。「J. TEST」という「実用日本語検定」が試験があり，その団体ではしばしば「日本語検定試験」という用語も使っているが，この試験は現在問題にしているような公的資格を保証する「検定試験」ではない。「日本語能力試験」は「検定試験」ではないことは日本語教育関係者の間では自明のことであるが，このようなことも一般的には理解されていないことの重大さに，日本語教育関係者はもっと敏感に反応すべきである。

　日本語の研修機関が2か所に分かれたことによるカリキュラムのすり合わせは，一応事前に行われたと言われている。しかし，フィリピンと違い，インドネシアからの候補者はほとんどがイスラム教徒であろうから，そのための日本の病院や介護施設への情報提供はうまくいっているのであろうか。受け入れ上の最大の問題点は，日本の国家試験合格という高いハードルである。田尻も国家試験の問題集を購入してみたが，日本語教師には手におえない文章で出題されている。日本語研修中にも少しは専門の勉強をするであろうが，それだけでは病院や介護施設での勉強には足りない。また，病院や介護施設では，日本語の教え方がわからないであろう。6か月間の日本語研修期間を終わったあとも，日本語教師と看護・介護の専門家の協力のもと，生活面でも勉強面でも引き続き支援するが必要がある。甲州市の特別養護老人ホーム「光風園」では，特別な教科書を用意したり，インドネシア人の妻を持つ知人の医療関係者に協力を依頼したりしているという（読売新聞，9月6日）。日本人と結婚してすでに日本で看護師・介護福祉士として働いている方によると，病院などでの引き継ぎ書を書くのが大変だということである。一部の病院に見られるように，よく使う単語は記号などを使うことで引

き継ぎをするなどの取り組みも必要であろう。「外国人介護士受け入れに関する意向調査報告」も載っている『シンポジウム報告書　フィリピン介護士受け入れ戦略—アメリカ・シンガポールからの教訓』(龍谷大学アフラシア平和開発研究センター, 2008) も参考にしてほしい。日本人なら嫌がる激しい労働をインドネシア人ならしてくれそうというような安易な受け入れはすべきではない。『世界』2008 年 10 月号 (岩波書店) に「看護・介護の現場で求められる"国際力"とは—インドネシアから看護師・会議福祉士候補生が来日」という沢見涼子氏の興味深い論文が掲載されているので, 参照してほしい。来日したインドネシア人に満足してもらえるような対応を, 官民挙げて今後も模索していかなくてはいけない。

(5) 国際移住機関

　国際移住機関 (IOM) は, 1951 年に設立された欧州移住政府間委員会を始まりとして, 1980 年には移住政府間委員会と改称し, 1989 年に国際移住機関となった。本部はスイスのジュネーブで, 約 100 のフィールド事務所があり, 加盟国は 2008 年 8 月現在 125 か国, 日本は 1993 年に加盟した。日本では, 外務省がこれに関わっている。この IOM では, 2004 年以来移民に関するシンポジウムが開かれている。直接ではないにせよ, 外務省領事局が関わっている機関のシンポジウムで, 2007 年に「移民」というテーマを扱っていることは注目すべきことである。以下に, そのシンポジウムの内容を列挙する。それぞれの報告書は, http://www.iomjapan.org/news/index.cfm のサイトで見ることができる。所属は, いずれも当時のものである (当時どのような人たちが関わっていたかを知るためにそのまま引用する)。なお, IOM は 2006 年から年に 2 回, 移民に関する機関誌 Migration を発行している。

- 2004 年 7 月外務省・国際移住機関共催シンポジウム「国境を越えた人の移動」
　—経済連携協定と外国人労働者の受け入れ—
　経済連携協定と「人の移動」—日本はどう対処すべきか—
　　日本経済団体連合会　　　　島上　清明

外国人労働者の受け入れ―課題と展望―
　　日本労働組合連合会　　　　　　須賀　恭孝
　　IOM　　　　　　　　　　　　　ブランソン・マッキンレー
　　フィリピン海外雇用庁　　　　　トマス・D・アチャコソ
パネル・ディスカッションⅠ「専門職業従事者の受け入れ（看護・介護分野を例として）
　　みずほ総合研究所株式会社　　　海老名　誠
　　AHPネットワーク共同組合　　　梶原　優
　　社団法人日本看護協会　　　　　岡谷　恵子
　　全国介護事業者協議会　　　　　扇谷　守
　　IOM　　　　　　　　　　　　　ニリム・バルア
パネル・ディスカッションⅡ「国内の受け入れ環境をめぐって」
　　千葉大学　　　　　　　　　　　手塚　和彰
　　浜松市長　　　　　　　　　　　北脇　保之
　　法務省入国管理局　　　　　　　四宮　信隆
　　在日タイ王国大使館　　　　　　シントン・ラーピセートパン
　　IOM　　　　　　　　　　　　　谷村　頼男

・ 2005年2月外務省・国際移住機関共催シンポジウム「外国人問題にどう対処すべきか」―諸外国の抱える問題とその取り組みの経験を踏まえて―
　　外国人が抱える諸問題―日本の取り組み―
　　　　千葉大学　　　　　　　　　　手塚　和彰
　　　　埼玉大学　　　　　　　　　　小野　五郎
　　　　浜松市長　　　　　　　　　　北脇　保之
　　　　関西学院大学　　　　　　　　井口　泰
　　　　国外就労者情報援護センター　二宮　正人
　　　　「ムンド・デ・アレグリア」（浜松市のペルー人学校）　松本　雅美
　　日本人は外国人問題にどう対処すべきか―諸外国の取り組みに基づいて―
　　　　IOM　　　　　　　　　　　　ブランソン・マッキンレー
　　　　ドイツ外務省法務局　　　　　ヴェルナー・ブルカルト

アイルランド司法・平等・法改革省　ポール・バーンズ
　　　韓国大統領府　　　　　　　　　　　クワン・キソブ
　　　千葉大学　　　　　　　　　　　　　手塚　和彰
　　　関西学院大学　　　　　　　　　　　井口　泰
　　　日本経済団体連合会　　　　　　　　立花　宏
・2006年3月外務省・国際移住機関共催シンポジウム「外国人問題にどう対処すべきか」―外国人の日本社会への統合に向けての模索―
　基調報告
　　　千葉大学　　　　　　　　　　　　　手塚　和彰
　　　IOM　　　　　　　　　　　　　　　ブランソン・マッキンレー
　　　法務副大臣　　　　　　　　　　　　河野　太郎
　外国人を日本社会の中に受け入れていくための基本的考え方：「統合」か，「同化」か，「共存・共生」か
　　　元ドイツ連邦議会議長　　　　　　　リタ・ジューストーム
　　　帝人相談役　　　　　　　　　　　　安居　祥策
　　　千葉大学　　　　　　　　　　　　　手塚　和彰
　　　浜松市長　　　　　　　　　　　　　北脇　保之
　　　法務省入国管理局　　　　　　　　　髙宅　茂
　　　総務省自治行政局　　　　　　　　　山崎　一樹
　　　IOM　　　　　　　　　　　　　　　ブランソン・マッキンレー
　外国人第二・第三世代の日本での教育問題：大人・子どもの日本語教育の拡充を中心に
　　　南米系各種学校「ムンド・デ・アレグリア」学校　松本　雅美
　　　国際交流基金日本事業部　　　　　　嘉数　勝美
　　　静岡文化芸術大学　　　　　　　　　池上　重弘
　　　文化庁国語課　　　　　　　　　　　平林　正吉
　　　国際日本語普及協会　　　　　　　　西尾　珪子
　　　ドイツバイエルン州労働・社会秩序・家庭・女性省
　　　　　　　　　　　　　　　　　　　　メダルドゥス・ヒューマー
　外国人の就労問題：就労管理，社会保険加入，納税実態等の国の統一

的な把握を中心に
    関西学院大学   井口　泰
    ドイツバイエルン州労働・社会秩序・家庭・女性省
                                メダルドゥス・ヒューマー
    千葉大学   尾形　隆彰
    読売新聞社会保障部   大津　和夫
・2007年3月外務省・国際移住機関共催「外国人問題に関する国際シンポジウム」―移民の社会統合における国際的経験と日本の課題―
  基調講演
    千葉大学   手塚　和彰
    IOM   ブランソン・マッキンレー
  各国における移民の社会統合
    静岡文化芸術大学   池上　重弘
    カナダ移民定住センター同盟 レザ・シャーバジ
    欧州議会議員   ジェム・エスデミル
    明治大学   山脇　啓造
  移民の社会統合に関する社会的取り組みの事例
    明治大学   山脇　啓造
    日本経済団体連合会   島上　清明
    静岡文化芸術大学   池上　重明
・2008年3月外務省・静岡県・国際移住機関共催「外国人住民と社会統合に関する国際シンポジウム」―国際的経験の共有と，地域における日系ブラジル人住民の課題を中心にして―
  基調講演
    人間文化研究機構   石井　米雄
    IOM   ブランソン・マッキンレー
  多文化主義の現状と課題
    明治大学   山脇　啓造
    オランダ・アムステルダム大学 イェロエン・ドーメルニク
    スウェーデン移住庁   ヨーナス・ドール

　　　　青山学院大学　　　　　　　　手塚　和彰
　　　　京都大学　　　　　　　　　　大澤　真幸
　　　　朝日新聞　　　　　　　　　　脇阪　紀行
　日系ブラジル人と社会統合（子どもの日本語学習支援，大人の言語支援・住宅支援等外国人住民への生活支援，企業責任，外国人住民の社会参加等）
　　　　静岡文化芸術大学　　　　　　池上　重弘
　　　　磐田市長　　　　　　　　　　鈴木　望
　　　　浜松学院大学　　　　　　　　津村　公博
　　　　国際基督教大学学生　　　　　柳瀬　フラヴィア　智恵美
　　　　ヤマハ発動機株式会社「IMカンパニー」　石岡　修
　　　　日本経済団体連合会　　　　　井上　洋
　　　　湖西市汐路町町内会　　　　　スガハラ・ユウゾウ
　　　　ブラジル・国外就労者情報援護センター　二宮　正人
・2008年8月国際労働機関・国際移住機関・国連難民高等弁務官事務所・国連大学共催　人の移動に関する国際機関合同シンポジウム「移住の今日的課題と将来への示唆：当事者として考える」
　　基調講演
　　　　衆議院議員　　　　　　　　　中川　秀直
　　プレゼンテーション
　　　　日本労働組合総合連合会非正規労働センター　龍井　葉二
　　　　東京外国語大学　　　　　　　北脇　保之
　　　　IOM駐日代表　　　　　　　　中山　暁雄
　　パネルディスカッション
　　　　国際基督教大学　　　　　　　大石　奈々
　　　　みどり共同法律事務所　　　　チャン・ハンニョン
　　　　武蔵大学　　　　　　　　　　アンジェロ・イシ
　　　　カチン民族機構日本事務局　　マリップ・センブ
　　　　国際基督教大学学生　　　　　柳瀬　フラヴィア　智恵美
　ちなみに，外務省2004年度予算では，「日本語普及の拡大」として5.3億

円,「国際交流基金の強化」として 125.7 億円が計上されている。

コメント

　日本の中の公的機関(外務省が関わっている)で,唯一「移民」という用語を使った事業を行っているという意味で,IOM の活動は注目に値する。閉会の挨拶は,日本のビザなどを扱う外務省領事局の人が行っている。

　外務省は,2004 年 10 月に外務大臣の諮問機関である海外交流審議会が「変化する世界における領事改革と外国人問題への新たな取組み」を答申している(http://www.mofa.go.jp/mofaj/annai/shingikai/koryu/pdfs/0410_00.pdf)。そこでは今日取り扱われている「在日外国人問題」が幅広く取り扱われている。委員の中には,日本語教育関係者としいては東京女子大学の西原鈴子氏が入っている。しかし,2008 年 2 月に答申された「我が国の発信力強化のための施策と体制〜『日本』の理解者とファンを増やすために〜」(http://www.mofa.go.jp/mofaj/annai/shingikai/koryu/pdfs/toshin_ts.pdf)では,日本語教育振興が広く扱われているが,2006 年 9 月に外務大臣に再任された麻生太郎氏の影響であろうか,中心的なテーマはポップカルチャーの情報発信になっている。この審議会には,日本語教育が話題になったにもかかわらず日本語教育関係者は入っていない。今回の審議会の答申とは別に,外務省は IOM との共催で一貫して日本国内在住の外国人問題を扱ってきているのである。この方面でも,過去の日本語教育の知見が活かされることを期待する。

同化・多文化共生・社会統合とは何か

　ここでは,「同化」という用語は,第二次世界大戦中に日本が行った植民地政策の中で行われたことを指すことにするが,それは決して過去のことを指すだけではないことも注意しておく必要がある。「多文化共生」は総務省の章で述べたが,現在も日本各地で進められている活動である。ただし,その活動内容は地域によって大きな差があることも事実である。それらの用語に対して「社会統合」はまだあまり使われていない用語であるが,EUでの状況との比較で使われ始めている用語である。この三つの用語の違いを説明するだけで1冊の本が書ける状況なので,ここでは最近「多文化共生」と「社会統合」について書かれたものを取り上げ,そこに「同化」の動きが隠れていないかという点も注意して,述べていくことにする。

　この問題を考えるときに役立つ資料が,2008年1月に公刊された。国立国会図書館調査及び立法考査局が出した『人口減少社会の外国人問題』である。国立国会図書館のホームページを開け,「国会サービス関連情報」→「立法調査報告」→「調査資料」の順で探し,平成20年の項(http://www.ndl.go.jp/jp/data/publication/document2008.html)にこの資料が全文載せられている。ダウンロードすると時々ページ数がとんでいるが,それは章名を示す赤い紙の部分があるためで,本文は全て読むことができる。全282ページの大部なものであるが,外国人政策,外国人問題の最前線,外国人の諸権利,外国人政策関係年表,アメリカ・イギリス・フランス・ドイツ・ロシア・韓国・中国・香港・台湾・オーストラリア・フィリピン・ベトナム・シンガポール・EUの事例などが記述されていて,大変有用である。全文ダウンロードすることをお勧めする。文化庁文化部国語課でも,2003年3月に『諸外国における外国人受入れ施策及び外国人に対する言語教育施策に関する調査研究報告書』が出されているが,ウェブサイトで本文を見ることができないの

が残念である。ただし，ヨーロッパの諸国が 2005 年ごろを境に施策を変えたので，現在の状況を考えるときには最新の資料によるチェックが必要である。

「多文化共生」については，地方自治体の活動が盛んである。「外国人集住都市会議」については，現在美濃加茂市が事務局を担当していて，「外国人集住都市会議みのかも 2007」(http://homepage2.nifty.com/shujutoshi/) に多くの資料が公開されている。そこには「国への提言」として，外国人労働者に対する日本語教育の充実も挙げられている。また，外国人児童生徒の日本語教育については，「大学の教員養成課程に外国人児童生徒に対する日本語指導や多文化共生教育に関する内容を含めた授業科目を追加し，教員免許取得の必須科目とする。また日本語を免許科目とした免許状の設置を検討する。さらに，ブラジル人の多い地域の大学において，ポルトガル語専攻の設置や中南米（ブラジル等）の研究者などの招聘が積極的に進むよう支援する。」とある。2008 年 10 月 15 日に「外国人集住都市会議東京 2008」が開かれている。そこでは「外国人の子どもの教育について」など大変興味深いテーマが扱われているが，アドバイザーに日本語教育関係者はいない。

2008 年 7 月には 7 県（群馬県・長野県・岐阜県・静岡県・愛知県・三重県・滋賀県）と 1 都市（名古屋市）が集まって「多文化共生推進協議会」を結成し，「多文化共生社会の推進に関する要望」を出している。その中には，在留外国人の台帳制度の整備，外国人児童生徒等に対する教育の充実（「大学の教員養成課程に多文化共生教育及び日本語教育指導に関する内容を含めた授業科目を取り入れること」という項目がある），外国人労働者の適正な雇用管理等の促進，外国人犯罪者に対する引渡し条約の締結等，情報・サービス提供の多言語化の推進などの項目が挙げられている。この協議会は「外国人集住都市会議」とは，外国人に対するスタンスが少し違っているように田尻には感じられる。

これらの会議でも問題になっているが，外国人住民が一定数を越えた地方自治体では，それまでのお客さん扱いはできなくなっていて，日本人住民との折り合いの付け方が難しくなっている地域がある。そこには「同化」の動きが起こり始めていると田尻は感じている。つまり，地域においては「多文

化共生」の中身が変わりつつあるのである。この点について，参考となるいくつかの著作を挙げる。

- 『顔の見えない定住化　日系ブラジル人と国家・市場・移民・ネットワーク』梶田孝道・丹野清人・樋口直人，名古屋大学出版会，2005年

    この本の第 11 章「共生から統合へ」では，「『共生』を掲げる議論は，結果的に同化主義と変わらず，排除に与する言説さえ生み出してしまう」として，従来の「多文化共生」の問題点を厳しく分析している。

- 『「共生」の内実　批判的社会言語学からの問いかけ』植田晃次・山下仁編著，三元社，2006 年

    これは，言語権や地域日本語支援活動などを通して，「共生」の問題点を鋭く捉えている。

- 『グローバル化時代の日本型多文化共生社会』駒井洋，明石書店，2006 年

    これは，外国人移民や日本のムスリム社会などの問題点を捉え，従来の「多文化共生」ではなく，「日本型多文化共生」のあり方を考えた著作である。

- 『制裁論を超えて──朝鮮半島と日本の〈平和〉を紡ぐ』中野憲志編，新評論，2007 年

    この本の中の藤岡美恵子氏が書いた「植民地主義の克服と『多文化共生』論」が，現在出版されている「多文化共生」批判の中で最も厳しいものであろう。「多文化共生」を考えるときには，朝鮮問題を抜きにしては考えられないことを改めて指摘している。

- 『都市問題研究』第 59 巻第 11 号，都市問題研究会，2007 年

    この号は，「多文化共生社会の推進と課題」の特集で，従来「多文化共生」を提唱してきた人たちが，2007 年段階でどのように考えているかを知ることができる。

- 『日本における多文化共生とは何か──在日の経験から』崔勝久・加藤千香子編，新曜社，2008 年

この本は，2007年川崎市で上野千鶴子氏を迎えて開かれた「『共生』を考える研究集会」がきっかけで出来た本である。日立闘争を経由して，外国人対応では先進的な取り組みをしてきた川崎市でも多くの問題点を抱えていることがわかるし，そこには「在日」の問題を抜きにしては語れないこともはっきりしてくる。
・『ことばと社会』11号，三元社，2008年
　　この号は「移民と言語①」を特集しており大変参考になるが、その他の号もぜひ読んでいただきたい。なお，多言語社会研究会(http://tagengo-syakai.com/xoops/html)の活動も注目すべきである。
　田尻は「共生」と「多文化共生」を区別せずに捉えているとの批判もあるかもしれない。しかし，「共生」という用語も最近までは政府レベルの用法では老人と障がい者との「共生」というように使われてきた経緯があるので，ここでは関わりのある問題は広く捉えるという立場を取り，一括して扱うことにする。この用語の使い方の歴史的側面については，田尻他著の『外国人の定住と日本語教育［増補版］』(ひつじ書房，2007)の田尻執筆の「ブックガイド」をごらんいただきたい。
　まず，ふまえておかなければいけない点は，「多文化共生」を推進している中心的な人物である山脇啓造氏も言っているし，『日本における多文化共生とは何か』でも詳しく説明されているが，「多文化共生」という用語を最初に使ったのは1993年の「川崎新時代2010プラン」の中であったということである。そして，そのとき「外国人」として考えられたのは，在日韓国・朝鮮人(この用語にも問題があり，「在日朝鮮人」という用語を使うという立場も理解できるが，ここでは従来の用語使用にしたがう)であったという点である。そして，近代における日本の国民国家の歴史において「外国人」問題を扱う際には，アイヌと沖縄の問題を抜きにしては考えられないことも確認しておきたい。
　「多文化共生」という用語は，たしかに目標として見た場合快い響きを持った用語である。そこには，反対とは言い出しにくい雰囲気がある。しかし，その用語を使って行われている活動の中身には，十分に注意をはらう必要がある。しかし，だからといって，ヨーロッパで進みつつある「社会統合」の

概念をそのまま持ってきても，別の差別が行われる可能性がある。たとえば最近使われる用語に「高度人材」という用語がある。日本に必要な人材だけに来てもらう，そんな人たちを指して「高度人材」と呼ぶのだが，では「低度人材」という人たちはどんな人たちを想定しているのであろうか。この用語自体，田尻にはずいぶん差別的な用語だと感じられる。この問題に関しては，『外国人専門職・技術職の雇用問題』(塚崎裕子，明石書店，2008) に具体的な資料に基づく分析がある(「高度人材」とは，従来の「専門的・技術的労働者」の中のさらに選抜された外国人労働者を指す)。ちなみに，この本の中には「高度人材」という用語は使われていない。「高度人材」の対照的な立場にいる人たちは「単純労働者」と呼ばれている。しかし，この用語も否定的な意味を持ちうるので「労働力不足の分野の労働者」と呼ばれるようになっている(『外国人・民族的マイノリティ人権白書』外国人人権法連絡会編，明石書店，2007)。たかが用語だけの問題ではないかと考える人もいるかもしれないが，そのような用語の使われ方に外国人を単に日本に都合の良い労働力としか捉えない視点が隠されていることに注意をはらう必要性を感じている。ここでは，「多文化共生」という用語の使用されている場の問題点を指摘するにとどめる。なお，「外国人」や「国民」の概念については，ましこひでのり氏の『幻想としての人種／民族／国民』(三元社，2008年)があり，大変参考になる。

終章　今後の課題

　この原稿を書いている時点ではまだ 2009 年度予算案の概算要求が出た状況なので，今後の動きの全貌は見えていない。2008 年 2 月までの政府関係の動きについては，前に指摘した「外国人労働者問題関係省庁連絡会議」（今の日本における外国人を取り巻く状況を検討するのに，「労働者問題」の範疇でしか捉えていないような会議名そのものも問題である）のウェブサイトの中の「平成 20 年 2 月 15 日 『生活者としての外国人』に関する総合的対策の実施状況」を見ていただきたい。そこには，「対策」毎に関係官庁の実施状況が列記されている。このようなものまで「対策」に入るのかと思われるものも含まれている。逆に，国土交通省国土計画局の「平成 18 年度国土施策創発調査」として 2007 年 3 月に発表された「北関東圏における多文化共生の地域づくりに向けて」(http://www.mlit.go.jp/kisha/kisha07/02/020629_2_.html) は，山脇啓造氏を委員長として日本語教育関係者では早稲田大学の宮崎里司氏などが参加した大部の報告書であるが，この連絡会議の「実施状況について」ではふれられていない。当然のことながら，「留学生 30 万人計画」や「アジア人材資金構想」などへの言及はない。また，外務省の海外交流審議会でも，2008 年 2 月に「我が国の発信力強化のための施策と体制〜『日本』の理解者とファンを増やすために〜」（ウェブサイトは前出）という答申を出している。そこでは，いろいろな方面での日本語教育の振興やポップカルチャーによる日本文化の発信が取り上げられている。つまり，どのサイトを見ても，今進みつつある日本語教育関連の動

きが一覧で見られるものはないのである。日本語教育学会のホームページなどで，このような動きをフォローアップするコーナーができないであろうか。田尻一人では，限界がある。

　本書を読んでおわかりいただけたように，日本語教育施策に関係する最近の動きは大変大きなものがある。しかし，そのことにあまり関心を持っていないのは，当の日本語教育関係者であるように感じられる。現実の日本語施策に関わっているのは，日本語教育関係者だけではない。地域における多くの日本語ボランティアは，約4500名いる日本語教育学会の会員とは限らない。そのような意味をこめて，本書では実際に日本語教育に関わっている人たちを「日本語教育関係者」と呼んだ。

　日本語教育学会の動きとしては，学会誌『日本語教育』138号が「多文化共生社会と日本語教育」の特集を組んでいることが挙げられる（ちなみに，田尻はこの特集号の企画には参加していない）。そこでの野山広氏の「多文化共生と地域日本語教育支援」という論文が最も情報量が多いが，彼自身がかつて所属していた文化庁関係の情報が主で，JSLなどの他の省庁の関係施策が入っていない（本書での野山論文では問題を広く扱っている）。岡崎眸氏の「日本語ボランティア活動を通じた民主主義の活性化」という論文は，題名でもわかるが，同論文の「おわりに」の「日本語ボランティアは，ニューカマーといわれる外国人と共に，彼らと自らのおかれた現実を共有し，その現実の変革を目指す活動を通して，日本における民主主義の活性化を図る役割を果たすという展望について論じた」の文から，田尻が考えている日本語教育関係者が目指す方向とはずいぶん異なっていることがわかった。西口光一氏の「市民による日本語支援を考える」という論文では，西口氏の活動そのものは評価できるが，日本全体の日本語ボランティア活動の中でどのような位置づけがされるのかの検証はない。また，「市民」という用語の意味も定義されていない。「国民」という用語と同じように，日本国籍を持った人たちだけを指しているようである。青木直子氏の「日本語を学ぶ人たちのオートノミーを守るために」という論文も，「日本政府は，在日外国人の在留資格更新に日本語能力を条件とすることを検討している」ので，「私は，在留資格の更新に日本語能力を条件にすることには反対である」という立場

からの立論である。その論文の趣旨そのものには反対はしないが,「政策の決定と実行に影響力を持つ人たちがどのように考え行動すればよいかという提言である」という文から,青木氏は具体的にどのような人たちが「政策の決定と実行に影響力を持つ」と考えているのかよくわからない。また,その人たちがこの学会誌を読むことがあるのかという点も,田尻にはわからない。平高史也氏の「ドイツにおける移民の受け入れと言語教育」という論文でも,「政治,社会,歴史的背景が大きく異なるので,ドイツの事情をただ参考にするのではなく,精査する必要があるだろう」とあり,平高氏の慎重な論文構成は理解できるが,読者がほしいのは「日本での言語政策はどうすればいいのかという問いに,ドイツの例は役に立つのか」という点である。そんなことまで望むのは,無理というものであろうか。田尻には,どの論文も現在の大きく変わりつつある状況に対応しているかという点では不十分であると感じた。2008年度日本語教育学会秋季大会のシンポジウムでは,「日本語教育は『生活者としての外国人』のために何ができるか」がテーマとなっていて,1年前に同じ秋季大会で田尻が扱ったテーマと近いテーマが選ばれている。そのシンポジウムの主旨には「国の施策として移民受け入れの検討も始まった」とあるが,本書を読んでおわかりいただけたように,国のレベルでは「移民」という用語の使用は慎重に避けられている。わずかに,外務省と国際移住機関が共同開催で行っている「外国人問題に関する国際シンポジウム」で「移民の社会統合」という用語が使われているだけである。このような問題を扱うときには,用語の使用のレベルでシンポジウム自体の主旨の問題点が指摘されるようではいけない。もっと丹念に実際に行われている施策内容を検討することが必要である。そうしなければ,肝心の問題に行き着くまでに,理解の不十分さという批判だけでつぶされてしまう。日本語教育関係者は感情的な批判にとどまらずに,現実の施策の丁寧なフォローアップが必要であると強く思っている。

　2008年9月に入って発表された文化庁の2009年度予算の概算要求の説明資料によると,田尻の予想以上に文化庁の日本語教育関係施策は動いている。「文教施策の中の日本語教育」の章で述べたが,日本語教育関係者の共通理解がまだできていない方面にも変化の波が及ぼうとしている。もし,本

書でふれられたような施策に異論があるのならば，今こそ声を挙げなくてはいけない。あと数年たって，あのときが変わり目だった，どうして誰も反対しなかったのだろう，などと言わないためにも，日本語教育関係者の具体的な行動を期待する。それは，田尻自身にも向けられた言葉であり，その田尻の一つの答えが本書の出版である。

なお，本書では，2007年5月に出された「アジアゲートウェイ構想」や同年6月に出された「経済成長戦略構想」，さらには2008年3月に出された「報告書『新たな在留管理制度に関する提言』」なども，外国人の日本語教育政策に関わってくると思われるが，扱う余裕がない。また，最近，外国人労働者問題に関するいくつかの著作や雑誌の特集があったので，以下に参考までに列挙する。

- 『越境する雇用システムと外国人労働者』丹野清人，東京大学出版会，2007年
- 『国際移動と〈連鎖するジェンダー〉 再生産領域のグローバル化』伊藤るり・足立眞理子，作品社，2008年8月27日
- 『経済』第147号（特集「外国人労働者と日本」），新日本出版社，2007年
- 『季刊労働法』219号（特集「今後の外国人労働者問題」），労働開発研究会，2007年
- 『ジュリスト』NO.1350（特集「外国人労働者をめぐる諸問題」），有斐閣，2008年
- 『オルタ』2008年11・12月号（特集「労働開国？ 移民・外国人労働者・フリーター」），アジア太平洋資料センター
- 『経済トレント』12月号（特集「グローバル経済下での外国人材活用を考える」），社団法人日本経済団体連合会，2008年

最後に，日本語教育ではない他の方々が疑問を持っていて，日本語教育関係者が答えなければいけない点や日本語教育関係者が解決しなければいけないと田尻が思っている問題点をいくつか列挙する。

1 学校現場で外国人児童生徒に対して日本語だけで授業を進めていくの

か，彼らの母語も併用していくのか。バイリンガル教育と日本語教育は両立するのかということにも関わってくる。
2　学習言語能力の向上には母語の能力が関係しているという説を，日本語教育関係者は認めているのか。また，関係するか，しないかということを検証しようとしているのか。
3　小・中学校における教員免許に日本語教育の資格を付ける動きに対して，日本語教員養成課程に関わっている関係者はどう考えているのか。かりに，そのような動きが具体化した場合にカリキュラム作成などで対応できるのか。
4　今の小・中学校の科目の成績評価と同じレベルで，外国人児童生徒の日本語能力の評価をする方法は開発されているのか。また，授業における日本語能力とその科目の成績とは同一レベルで測れるのか。この点に関しては，前に述べたが2009年度予算の概算要求にすでにその調査研究費が計上されている。どのような組織・機関でこの研究調査が行われるのか注目していきたい。
5　外国人児童生徒の日本語能力が向上しても親の日本語能力はあまり向上しないということは一般的にありうるが，逆に親の日本語能力が優れている場合に，児童生徒の日本語能力も優れていると言えるのか。言語習得能力を考えるときに，言語教育に関わる面以外の社会的な要素も考慮にいれなければいけないのではないか。
6　職場で使われる日本語の習得に日本語教師はどこまで関われるのか。この場合，当然在留資格や職場での雇用条件が大きく関係してくるので一般化はできず，個別の事例の分析を積み上げなければいけない。
7　日本に住む外国人は地域によって国籍や職種に偏りがみられるが，それらの外国人に対して他の地域と同じような日本語習得支援を行っていてよいのか。地域毎に日本語習得支援のあり方を考えなければいけないのではないか。
8　会社側が必要としている日本語能力の向上に，日本語教師はどの程度関われるのか。
9　大学に入学した留学生の日本語能力は初修外国語（一般教養の単位と

しての授業）の授業だけで専門の授業についていけると，大学で日本語科目を担当している関係者は考えているのか。
10 留学生30万人計画は，現在の大学における日本語教育の面から考えて問題はないのか。また，日本の大学は留学生の受け入れに対して十分な体制をとっているのか。
11 入学試験として「日本留学試験」を採用している大学は，この試験を導入する前と後では留学生の日本語能力に違いは出なかったのか。この点については，かなり以前から田尻は全国レベルの調査の必要性を説いているが，いまだに行われる様子はない。
現在の問題としても，「日本留学試験」で選別した留学生の日本語能力は学部の専門科目の単位取得において問題は生じていないのか。この点は，日本の大学が留学生に対してどのような日本語能力を要求しているかという点に関係してくる。
12 規制改革会議で出されているように，外国人の在留許可等の要件として日本語能力試験を使わないとすれば，その新しい日本語の試験はどのように開発するのか。文化庁の調査研究事業が扱うのであろうか。
13 大学の日本語教員養成課程を卒業しても地域の外国人対応の職場に就職できない現実をこれらの課程担当者はどう考えているのか。地域では，むしろ中国語やポルトガル語ができ，通訳として採用された人たちが日本語習得の場に関わっている。日本語学校への就職も入管行政に左右されることが多く，日本語教師という職種は一貫して不安定な職種のままである。

問題点を挙げ始めたらきりがなくなり，本書の趣旨に合わなくなる可能性もあるので，以下は省略にしたがう。相撲のロシア出身の力士の大麻事件がマスコミをにぎわせているが，「国技」という名のもとに，これほど露骨な日本社会への「同化」が行われているという問題点からこの事件を取り上げるマスコミはない。田尻は，このような点も日本語教育関係者が発言すべきことがあると考えている。2009年度は，国際交流基金の日本語スタンダードによる新しい日本語能力試験の開発（国際交流基金では2008年10月1日に「日本語試験センター」を発足させ，桜美林大学大学院とともに「日本語

試験の研究・開発および言語教育評価に関する共同研究」を行うことになった）と，文部科学省の外国人児童生徒の日本語能力の調査研究と，文化庁の「日本語教育の充実に資するよう」な「日本語能力の測定方法と指導力の評価方法に関する調査研究」が平行して行われるという前代未聞の状況となる可能性がある。今後の日本社会に与える影響も大きいだけに，ここに挙げた問題点などを日本語教育関係者以外も参加できる公の討論の場の設定が必要であると考える。それを通して，日本語教育学会が外部への情報発信もできるであろうし，学会の社会的責任をはたすことにもつながると田尻は考える。日本語教育問題は日本語教育学会内部だけの問題ではないことを，日本語教育関係者の多くの人に意識してほしいと思っている。

おわりに

　日本語教育に関する環境は，2007年度から多くの省庁で予算化されたことにより大きく動いている。そして，今後の日本語教育の在り方を左右する報告も，各方面で出ようとしている。そのような時に，一部の日本語教育関係者がそれらの計画立案に関わるだけで決まってしまってよいのであろうか。一部の施策には，日本語教育関係者が関わらないまま決まりそうなものもある。

　田尻はこのような状況に危機感を感じて，本書を出版することを計画した。もとより，田尻の力では限界があり，多くの方のご協力をいただいたが，「コメント」を始めとする本書の記述には田尻に責任がある。念のために申し上げれば，田尻は日本語教育学会の代表ではない。日本語教育学会において理事や大会委員長の役目は勤めたが，現在は学会の学会誌委員会の一人の委員であるほかは，何の役職もない立場である。本書における田尻の発言は，田尻個人のものである。

　2008年9月1日に福田康夫総理大臣が突然辞任したことにより，来年度の日本語教育関係の予算については，2009年1月現在その方向性が不明としか言えない。「『生活者としての外国人』に関する総合的対応策」を成立させた当時の安倍晋三総理大臣も，「留学生30万人計画」を成立させた福田康夫総理大臣も任期途中で辞任している。思えば，4年制大学卒業の留学生には全員に就労ビザをだすという議案を用意していた当時の小渕恵三総理大臣も病に倒れている。今後はどの審議会や委員会が日本語教育政策を進めていくのか，田尻にはまったくよめていない。前高村外務大臣が発言した，在留許可審査にあたっての日本語能力によるチェックも外務省と法務省の間で話し合っていると言われているが，ウェブサイト上では何の情報も見つからない。

　本書は批判ばかりで何らの建設的意見が出ていないと思われる人がいるか

もしれないが，田尻は現在日本語教育施策に関わる委員会に何一つ参加していないので，私見を公の場で述べる機会がない。もし私案を述べるとすれば，その背景となる状況の説明と田尻が考える日本語教育の将来像を述べなければ説得力をもたないが，それでは本書の趣旨からはずれることになる。本書は，あくまでも今進みつつある日本語教育施策に関する情報提供を目指している。本書にご批判をいただく場合には，ぜひとも『外国人の定住と日本語教育［増補版］』（田尻英三，田中宏，吉野正，山西優二，山田泉，ひつじ書房，2007）を併せてお読みいただきたい。今後は，本書をきっかけにして，より多くの人が参加する開かれた討論の場ができあがるのを期待している。

なお，本書は現在進みつつある外国人への日本語教育施策のフォローアップを目指したものなので，日本語教師養成についての情報の扱いは最小限にとどめた。現在の日本語教員養成の体制についてては多くの問題があり，この問題は日本語教育政策全体を把えるためには当然扱わなければいけないと考えるが，本書が意図する「『生活者としての外国人』をめぐって」の施策検討という範疇からは，ズレると考えた。

田尻は，『月刊日本語』（アルク）2009年4月号から1年間日本語教育施策に関する情報コーナーを担当することになった。こちらも，併せてお読みいただきたい。

本書は，2009年度予算の概算要求を横目で見ながら，厳しい時間的制約の中での出版であった。ひつじ書房の房主，松本功氏には本当に感謝している。

執筆者一覧（※編者）

井上洋（いのうえひろし）
社団法人　日本経済団体連合会　産業第一本部長
　「2025年への道—高齢化をどう乗り切っていくか」『ていくおふ No.103』（全日本空輸ていくおふ編集部　2003）
　「シリーズ　多言語・多文化協働実践研究 2」『共生社会に向けた協働のモデルを目指して—長野県上田市在住外国人支援から見えてきた課題と展望』（東京外国語大学　多言語・多文化教育研究センター　2008）

嘉数勝美（かかずかつみ）
独立行政法人　国際交流基金　日本語事業部部長
　「日本語教育スタンダードの構築」国際交流基金編『遠近 第6号』（山川出版社　pp.36–41　2005）
　「ヨーロッパの統合と日本語教育— CEF（「ヨーロッパ言語教育共通参照枠」）をめぐって—」『日本語学』25–13（明治書院　pp.46–58　2006）

※田尻英三（たじりえいぞう）
龍谷大学経済学部教授
　「インドネシアの日本語教育のための基本資料—対照研究の視点から—」（『言語と教育』小山・大友・野原編　くろしお出版　2004）
　共著『外国人の定住と日本語教育（増補版）』（ひつじ書房　2007［初版2003］）

野山広（のやまひろし）
国立国語研究所日本語教育基盤情報センター整備普及グループ長
　文化庁編『地域日本語学習支援の充実共に育む地域社会の構築へ向けて』（共著　国立印刷局　2004）
　「シリーズ多言語・多文化協働実践研究 5」『地域日本語教育から考える共生のまちづくり—言語を媒介にともに学ぶプログラムとは』（東京外国語大学　多言語・多文化教育センター　2008）

日本語教育政策ウォッチ 2008
定住化する外国人施策をめぐって

発行	2009年2月14日　初版1刷
定価	1600円＋税
編者	©田尻英三
発行者	松本　功
装丁者	大熊　肇
印刷製本所	三美印刷株式会社
発行所	株式会社ひつじ書房

〒112-0011　東京都文京区千石2-1-2　大和ビル2F
Tel. 03-5319-4916　Fax. 03-5319-4917
郵便振替 00120-8-142852
toiawase@hituzi.co.jp　http://www.hituzi.co.jp/

ISBN978-4-89476-408-8 C1080

造本には充分注意しておりますが，落丁・乱丁などがございましたら，小社かお買い上げ書店にておとりかえいたします。
ご意見，ご感想など，小社までお寄せ下されば幸いです。

※タイトル・価格等に関しては仮のものです。ひつじ書房のホームページで最新情報をご確認ください。

移動労働者とその家族のための言語政策
生活者のための日本語教育
春原憲一郎編　1,600円＋税　978-4-89476-387-6

日本語教育政策ウォッチ2008
定住化する外国人施策をめぐって
田尻英三編　1,600円＋税　978-4-89476-408-8

文化間を移動する子どもとともに
教育コミュニティの創造に向けて
齋藤ひろみ・佐藤郡衛編　予価2,800円＋税　978-4-89476-343-2　近刊

多文化社会オーストラリアの言語教育政策
松田陽子著　予価4,200円＋税　978-4-89476-421-7　近刊

マイノリティの名前はどのように扱われているのか
日本の公立学校におけるニューカマーの場合
リリアン・テルミ・ハタノ著　予価4,000円＋税　978-4-89476-422-4　近刊

ブラジル日系・沖縄系移民社会における言語接触
工藤真由美他著　予価8,000円＋税　978-4-89476-423-1　近刊

清国人日本留学生の言語文化接触
相互誤解の日中教育文化交流
酒井順一郎著　予価4,000円＋税　978-4-89476-439-2　近刊

マルチ（バイ）リンガル育成と外国人児童生徒教育
中島和子他著　予価2,400円＋税　978-4-89476-446-0　近刊

「自然な日本語」を教えるために
認知言語学をふまえて
池上嘉彦・守屋三千代編著　予価2,800円＋税　978-4-89476-431-6　近刊

国際交流基金日本語教授法シリーズ 第2巻 音声を教える
国際交流基金著　1,500円＋税　978-4-89476-302-9

プロフィシェンシーから見た日本語教育文法
山内博之著　予価2,200円＋税　978-4-89476-388-3　近刊

プロフィシェンシーと日本語教育
鎌田修・堤良一・山内博之編　予価6,200円＋税　978-4-89476-424-8　近刊

「大学生」になるための日本語1
堤良一・長谷川哲子著　予価2,800円＋税　978-4-89476-435-4　近刊

目指せ、日本語教師力アップ！
OPIでいきいき授業
嶋田和子著　2,400円＋税　978-4-89476-389-0

留学生の日本語は、未来の日本語
日本語の変化のダイナミズム
金澤裕之著　2,800円＋税　978-4-89476-413-2